创新者的困境

打破工作僵局的21条法则

CREATIVE
TRESPASSING

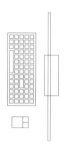

〔美〕塔尼亚·卡坦（Tania Katan） 著

邹丽君 译

ZHEJIANG UNIVERSITY PRESS

浙江大学出版社

致勇于挑战常规、爱冒险的特立独行者

创造性入侵者 （Creative Trespasser）

词 义

1. 指将创造力、想象力和个性融入日常工作或职场的人。
2. 指为点燃传统工作环境中的创意火花，激励更多人参与其中而反抗常规、打破现状的人。
3. 指在平凡岗位提出非凡想法的人。
4. 指以创造力追求更自由、更真实生活的人。

反义词

小职员、循规蹈矩的工作机器、办公桌常驻者、办公室杂役

序

平庸是创造力的坟墓

> 如果生来就与众不同，为何要平庸？
>
> ——苏斯博士（Dr. Seuss）

　　一本关于打破工作常规的书如果也打破书的常规，以结局做开头，好像也挺合理。所以接下来提前向你透露秘诀。整本书的精华都在这里：想在职场成功，其实没必要非得变成循规蹈矩的工作机器。事实上，在工作中你完全可以与众不同，勇于冒险，同时乐在其中。你只需要相信直觉，激发想象力，不再羞于展示自己的特殊能力，就能完全释放才能！这本书将告诉你具体怎么做。

　　从小，我就是一个特立独行者——以前不合群，以后也做不到。过了很久，我才明白，与众不同是有利的，它可以体现专业能力。年轻时，我常常认为，我的基因一定是最糟糕的！因为从小到大我想做的唯一一件事就是变得合群。我希望父母有份普通工作，每天早上往我书包里塞零食，每天晚上准时吃饭。我想和父母一起住在一幢房子里，也许可以有条狗，我不想生活在单亲家庭，挤在超小的公寓里，时常被指责、斥骂，甚至父母有一方还因躲避警方追缉而逃亡在外。

我不希望我妈是带有奇怪的法国口音的"外国人"。她说话我听不懂，还不让查字典，因为她自己也不懂英语。我讨厌我妈老是举办派对，邀请的都是些艺术家，还有大腹便便的舞蹈家，一到派对时间，各种吵闹，还有令人厌恶的法国臭奶酪。我讨厌开出租车的老爸动不动就冒出个鬼点子，赌马、投资"稳赚不赔"的生意，或是突然离家出走，连续几个月甚至几年见不着面。我想要稳定的生活。我渴望常态，渴望立马进入常态。但事后我才明白，作为一个不合群的人，这些与生俱来的"特殊条件"和怪诞的童年生活实际上帮我规划了人生路线，使我逐渐走向充满创造力和成就感的生活。

我再大一点的时候，我妈就不能同时打两份工了，因为作为一个单身母亲，她所有的空余时间都要用来照顾三个不服管的孩子（老妈，让你费心了），但是她会带着我们去参加每一场免费的文化艺术活动，通常快结束时有会演。尽管家里收支难以平衡，但我妈总能找到点现金（通常在她的胸衣里）购买其他人的艺术作品。再拮据她也会花点钱给我们买美术用品。她深知自己在艺术创作方面很有天赋，并且可以用来赚钱。当我们因付不起钱而无法去夏令营时，我妈就会出去教别人进行艺术创作，赚钱给我们报名。到今天，她还在送人自制乳蛋饼，因为那人以前帮她修好了房子破损的地方。我妈向我们证明了生活中的任何一件事都可以变得有创造力，只要能细心寻找。

而我爸则十分擅长寻找"创造性"的赚钱方式——冒险。在我爸众多的辉煌历史中，有一次，他全身上下只剩下100美元。在这样的人生低谷，大多数人会去找工作，开始上班。但这不是我爸的风格。他选择把毕生积蓄（没错，整整100美元）都放在了内华达州劳克林（Laughlin，Nevada）的赌桌上（去不起真正的赌城拉斯维加斯）。20分钟内，通过掷骰子，我爸用名下最后的100美元赢得了头奖500美元。当然，我爸的这种行为并不值得提倡。

一边是我妈指导我——创造力就是金钱！一边是我爸向我灌输——如果你有可能在20分钟内赚到5倍收入，同时还可以免费享受美味的鸡尾酒，为什么还选择朝九晚五的工作呢？其实，我根本不知道要做什么工作。我童年玩伴的父母教导他们从小要对成功有清晰认知（高考取得高分成绩＋读大学＋在办公室工作＝成功）。而我爸妈的教导方式很反常：利用创造力，重视想象力；质疑权威，敢于冒险；还有最重要的，不甘于平凡。

很多年之后，我才意识到，我爸妈不仅成为我未来人生的心灵导师，还不经意间让我懂得了成功、创新、快乐、决心等世界上值得为之奋斗的一切事情的特征。

高中毕业，进入了以"不合群者的天堂"著称的戏剧学校之后，我才意识到，与众不同、打破陈规、跟随心中的脚步是一件很酷的事。那时，我还是一个带着男孩子气的17岁女孩，戏剧表演的经验很少，我完全没想到，不久以后遇到的戏剧表演迷们如此认可我不符合常规的行为。实际上，选择戏剧学校并不是我一时头脑发热而做的决定，而是源于小学时观看戏剧《推销员之死》的经历。

现在每当回想起17岁时做重大人生抉择的那一刻，我头脑中立马就会浮现《推销员之死》中主人公威利·罗曼（Willy Loman）的形象——一身宽松灰色套装，头发稀疏，神情绝望，最终不得不向那份糟糕透顶的工作妥协。他让我深有感触。可以说，整个戏剧成功地让我打消了从商的念头。在商界，创造精神已然衰竭。我不知道选择什么专业可以助我在商界闯出一番天地。相比之下，戏剧就显得吸引力十足。我也想打动人们。

所以，我就申请了戏剧学校，并成功地被录取了。我在学校里找到了一群同类，都是特立独行的局外人。同时，我们也都对戏剧着迷——在演讲和辩论中互不相让，在纸巾上潦草地写下剧本的思路，都穿着一身黑色法兰绒质地的衣服，独创舞台表演时的走位地图——舞台前方、后方、中间、左后方——实际上是观众的右前方，好吧，还是很混乱。在学校里，我不仅找到了我的"组织"，还理解了戏剧中留白桥段的种种可能含义。

除此之外，戏剧还教会了我如何磨炼自己儿时为了变得合群而不经意培养起来的那些技能。长大以后，我常常被忽略、被遗忘，总是最后一个被选中。诸如此类的事情发生，是因为贫困？因为我父母离婚？因为我妈是移民？还是因为其他无法言说的时代原因？我说不清楚。想合群并不容易。如果我想和同学建立联系，有话可聊，我必须得有创造力。表演戏剧和变得合群也一样，要利用创造力建立联系：揣摩并不明显的表演模式和符号，发现新含义，克服困难，随时随地激发想象力。我在上小学时，为了不被霸凌，总能想出从A点逃到B点的新办法，而且一点都没被刁难；而戏剧表演就是战胜困难，找到从A点到B点的策略——幸运的话，我们还能从表演里学会几句顿悟的话。戏剧表演强化了我从小就学会的技能——不断从旁观者角度进行观察，让我可以更熟练地使用感官判断局面，适应局面，学会合作，在想法和表达之间架构起一座桥梁。

21岁时，我已经是一个崭露头角的剧作家，但是后来我发现自己右胸长了一个肿块并被诊断为乳腺癌。虽然凭空冒出的癌症让我措手不及，意志消沉，但是同时突然爆发的灵感也让我惊喜不已（你知道吗？论激发一个人的创造活力，什么都比不上手术、化疗和掉发来得有效）。

所以，我拿起了笔，写下了生命里历历在目的一个个瞬间。很快，我就完成了一个剧本，并在全国出版。癌症并没有扼杀我的剧作家生涯，反而成就了它。最终，我痊愈了，我的头发也长回来了。我对健康又有了信心。恰好，我也要毕业参加工作了。在学校里，我从戏剧中学到了几项技能（折磨人的癌症就不说了）：足智多谋，自信，能把命运抛给你的任何问题都转化为灵感的能力。

我怀揣着这些新技能还有爸妈的"成功宝典"，开始了工作，工作中有两个惊人发现：

1. 有些人不在意我的创造魔力。
2. 其实很多人都不在意。

虽然我很想继续住在亚利桑那州，当一名全职的剧作家，但是我知道老天不会让我如意。所以我收拾东西搬到了旧金山，到了那里不久，我就得知在旧金山可以靠写剧本谋生的剧作家少之又少。

一开始我找了份帮顾客打包的工作，后来在一对夫妻经营的咖啡店里打工，然后凭借制作咖啡的技艺从事了办公室管理工作，随后又从事过印刷制作、文案写作等工作。同时，我一直在继续学习，沉浸于讲述故事：写剧本、写文章、写故事，用这些途径学习艺术家如何解决艺术问题、激发想象力并打动观众。

无论工作多么无聊——做咖啡、打包、售后服务、数据输入、管理预算、策划项目、电话销售——我都会在工作中注入创造力。一开始，我只是自娱自乐（并不展示于人），但是很快就有人注意到我的与众不同。不论是邀请杂货店一起打包的同事们参加挑战（比如，今天你可以让多少脾气暴躁的顾客发笑），为同事的生日专门写剧本并让部门里每个人都读一部分，给精致的咖啡取新潮的名字，还是只是和同事们打交道，了解他们的经历、爱好、选择这份工作的原因，我身上的与众不同开始吸引别人的目光，获得他人尊重，甚至也许还得到了我上司的赏识。尽管可能嘴上不说，因为上司们不知道如何看待这个怪里怪气却想象力丰富、让沉闷的工作变得有生机有活力的办公室经理、咖啡吧服务生、数据录入员，但是他们似乎还挺喜欢我的做法的。

我为工作注入的想象力越多，工作就变得越有趣且富有创造性，而不只是令人讨厌的任务。我在为某家博物馆做项目预算时就好像在为一家戏剧公司写剧本，既开心又有动力；每次给顾客打包，要记住把易碎的鸡蛋放在上面时，也好比在记表演台词，整个人充满着热情。

这种快乐、活力、生产率（让我用个高大上的商业用词）很有感染力。比如，当代艺术博物馆的同事看到我通过制作有趣好玩的视频来提高观众上座率，他们就知道他们的本职工作不需要太多技术"创新"，多点创意就行。实际上，我在每份工作中的奇思妙想都启发了同事，他们开始带着更多的想象力、热情、快乐去完成看似普通单调的任务。我不得不承认10岁时的想法是错误的。商界并不是创造力和想象力的衰竭之地。

　　10多年前，我就开始把创造力与工作相结合，效果一直不错，到现在我终于明白一个道理，**我们不必为了在工作中展现创造力而去从事那些一眼看上去就觉得创造力十足的工作**。无论我们从事什么工作、在哪里工作，我们都能在看似和想象力不沾边但实际迫切需要想象力的岗位上，发挥我们的想象力，为过去想象力匮乏现在急需想象力的工作带来生机。

　　从那时起，这种任何工作都可以充满创造力的思维模式成了我的人生信条，正是有了它，我才生计无忧，生活幸福。这也正是"创造性入侵"的基石：在任何时间、任何地点都能激发想象力的能力。同时我明白，这种能力能让你（和你身边的人）在工作和生活中更具有创新精神、更有活力、更有价值。

　　我之所以这样说是因为，在过去的10年里，我尝试了各种运用创造力和想象力的方法，把创造力和想象力融入乏味的办公室，融入最最普通的日常工作和最死板的工作方式当中去。所有尝试一开始都要面临以下问题：如果我们把创造力带到大厅会怎么样？带到办公室小隔间呢？带到董事会会议室？带到日常生活？为什么我们会认为工作和快乐不可兼得？为什么我们会认为工作时就不能开开心心的呢？如果我们都全身心地投入工作中去呢？你会不会以为我会穿着实验服，随身带着写字夹板，在实验室认真研究这些问题？实际上，我进行了反叛性的实地调查，甚至从商业角度看可能十分疯狂：我开车走了400英里（约644千米）去投简历，因为招聘通知上写着"请不要打电话"，不接受电话咨询；做过组织数千人在博物馆里掰手腕的工作；被拒绝过薪资翻倍的请求；跳槽到我完全不擅长的岗位，而且要想证明我的价值，就必须做出极端的事情（后面会提到）。一路上，对我的评价有好有坏。如果你推着别人走，强迫他们走出舒适区，他们对你的行为就会褒贬不一。这很正常。因为最棒的想法和创意通常很难马上被认可。正是毁誉参半的评价证明了你的做法是对的。

5年来，我不断打破现状，在工作中疯狂地尝试实验，大约5年后，出乎意料的事情发生了。我接到一个电话，对方提供了一个只有两个情节点的剧本。我决定将我的方法运用于剧本创造：根据两个情节点之间的关联进行创作。最终，这个剧本深入人心，反响很好。

那一通电话已经够让人惊喜了，更想不到的是一家名为Axosoft的软件公司联系我，想让我担任品牌宣传师。天哪！软件公司？我对技术简直一窍不通啊（我当时还在用翻盖手机），还有我是犹太人，犹太人从不主动传教，所以，让我做品牌宣传师？认真的吗？

时间快进到我工作的第三个月。老板让我和一位同事想办法解决技术领域职场女性的困境（更多的是缺乏技术）。我想到，通过运用我的创作能力发起一场运动，使人们警觉并关注该问题；我可以利用类似于剧作家的思维模式来解决这个问题，采用讲故事的办法进行对话。技术领域的职场女性面临的最大问题就是她们感觉自己的存在感极低，没人理睬，得不到重视。所以我认为，如果我们可以通过讲故事的方法让这些女性感觉到，即使在技术等男性主导的领域里，他们也仍然受到关注，那么也许这样的方式至少会鼓励她们去努力奋斗，缩小性别鸿沟。

最终，我找到了灵感。现在回想起来，实际上我的灵感来源很普通也很常见，但又很难被注意到：女洗手间门上的标志。全世界的公共洗手间门上都有这个熟悉的标志。我给标志做了些改动，在三角形连衣裙部分的两侧画了几笔，这个标志立马变成了披着披风的超级英雄。

书中会提到，这场运动想传递的信息——如果女性一直以来穿的不是连衣裙而是披风呢？——意在鼓励人们去了解、倾听并赞扬在技术等领域工作的超级女英雄们。这个想法能顺利诞生，受到数百万人以及众多公司的欢迎，还在全球性运动中成为赋能和可能性标志，可以说，我的剧作家技能、视角的转换以及勇敢的团队协作都起了重要作用。创造性入侵的核心也正在于此：利用我们作为局外人的独特视角，看局中事，在平凡之处发掘非凡灵感，寻找绝佳方案，发现新方法。

我想说，即使我们身处于最沉闷压抑的工作环境，也可以将无拘无束的自我融入生活和工作，并从中获益。因为如今的时代，公司比以往更加需要敢于打破常规、勇于创新的员工，一旦我们展现出身上的与众不同之处，就可以真正变得出类拔萃。无论是在休息室成立创新实验室，把解决问题的能力应用于各个领域，还是将两个独立的想法联系起来，寻求新意义，我们都能激发体内、头脑甚至小隔间里的创新革命，找到为自己和同事们创造更多价值的合适途径。

现实是，我们都有可能在未来某一刻遭遇事业上的困境。我们可能会失去工作（拜机器人所赐），没机会在安逸的办公室里谈天说地，甚至要想在沉闷无趣的办公室工作都不可能了，再也吃不到休息室里的免费南瓜巧克力松饼，一同失去的还有我们的精神世界，等等。但是有一样东西任谁也夺不走，甚至公司老板也不行：我们的创造力。蜗牛到哪都背着家，我们也可以到哪都带着创造力，不论去哪，在哪工作。你可能头一回听到这句话：创造力就是新的稳定工作。

虽然大多数人都知道利用创造性技能可以给生活创造巨大价值，无论是在工作中还是工作之外，但是在人生道路上的某个节点，大多数人都做了错误的决定。你还有印象吗？那时气温102.02华氏度（38.9摄氏度），你正沿着尘土飞扬的高速公路艰难行走，你已经迷路了，身上都是汗，口渴得快冒烟，还能不能活着多走一步呢？就在这时，你的面前突然出现了一个叉子（fork）。这叉子和罗伯特·弗罗斯特（Robert Frost）诗中的岔路（fork）没有半点关系，这是一个会动会跳舞的叉子，就像电视剧《美女与野兽》中的逃亡者，用卡通般的叉子尖头跳着摇滚风格的舞蹈。你还记得吗？跳舞叉子向你示意，让你走近点，你靠近了点，认真听它说话。叉子说让你做一个决定："用所有让你与众不同、出类拔萃的特质来换取一份薪资普通、朝九晚五的工作，并且余生每一天你要看着自己的灵魂慢慢枯萎，你愿意吗？"你会怎么回答？

你会回答什么呢？不，你没有做出回答。因为沙漠中根本不存在什么会跳舞的叉子——除非你产生了幻觉（没有批评成分）！当然也没有隐喻性的岔路，暗指你要在稳定的工作和充满创造力与快乐的生活之间二选一。根本就没有会跳舞的叉子，都是我编造的。就像社会编造谎言告诉我们，如果要在专业领域取得成功，我们就不能坚持那个古怪的、独一无二的自我，必须改变。我们对此深信不疑，因为学校教育，出于好心的父母、朋友和媒体，还有保守势力都向我们灌输这样的观念，我们有选择余地吗？

我们的确还有一个选择，虽然与之前的大相径庭。你可以继续埋头苦干，继续按部就班……或者，利用你的想象力脱离这种生活。这正是《创新者的困境》这本书的用意。

你选择这本书也许是因为你对工作失去了热情和动力，迷茫不知所措——你想重燃对工作的激情。也许你是企业家，正在寻找创新的方法，寻找将宏伟蓝图付诸实践的机会。也许你是办公室小职员，想把单调乏味的工作变得新颖，改变冷漠的工作环境。也许你只是个助理或者实习生，在一旁静静等待时机分享你的创造性想法。也许你还是个职场小菜鸟，天天打杂，同时也渴望做有意义的工作。也许你是经理或者主管，已经学会向世界妥协（"如果我保证放弃绘画，你会给我稳定的薪水和职位，不再让我妈因我难堪吗？"）。也许你是自由的灵魂，工作之外的生活创造力满满，但期待把更多的创造力融入工作。或者，也许你是某个具有伟大目标又明白生命短暂的人，会反问自己：为什么还要浪费时间抱怨工作呢？这本书适用于有以下烦恼的人群：为办公室小隔间的工作苦恼，因思维模式而担忧，为宽领带或者不合适的铅笔裙（或者集以上所有）而烦躁。当然，这本书也是为那些曾经被打印机弄得头疼不已的苦兮兮的职员们精心准备的。

你知道吗？我也曾因办公室小隔间的生活，那样的思维模式，甚至太宽的领带而烦恼。但是我渡过了难关，现在讲讲我的经历，我是怎么做到的。很简单，我选择了与众不同而不是合群，我选择了找到我的光与热并沉浸其中，坦然接受自己所有的缺点，接受自己的工作。**当你学会向外界坦诚，展现真实的自我时——尽管凌乱，不完美，也不掩饰半分缺点——你就会变得与众不同。**

让你丝毫不要掩饰缺点不是吓唬你，是认真的：任何值得去做的事情都既重要又具有挑战性，不要害怕恐惧，也无须兴奋激动。

但是这并不意味着你不可以害怕和兴奋。即使现在，每当我开始做具有挑战性又很必要的事情时，我都会感到害怕，每一次都会害怕。无论是每个咨询项目，还是每个演讲，每当我迫不及待地想分享疯狂想法，吐露内心深处的独白，坦白最深处的秘密时——我的天，有时候只是出去买点生活必需品——都可能把我吓得屁滚尿流。这时候，我就会去看看冰箱上贴着的关于人类存在的一首诗，玛丽·奥利弗（Mary Oliver）写的《夏日》（"The Summer Day"）。诗的最后一行写着："告诉我，对于你只有一次的狂野而珍贵的生命，你的计划是什么？"每次读这一句我都感动不已。这句话说得没错。虽然我并不想讲那些生死攸关的大道理，但是无论你怎么看待死亡、生命或者死后世界，生命如此短暂珍贵，为什么你要挥霍只有一次的狂野而珍贵的生命，哪怕只是一瞬间？

书里还会提到，你要找到自己的热情、激情，相信自己的直觉，尽管放大胆子去做，在这一生中做些什么，留下点什么（重点！创造性遗产啊）。在书的前一部分，我会说明如何进入未知领域，如何规划狂野而珍贵的生命，让令人疲惫的日常工作就像绘画、唱歌、梦想、飞行一样有趣，像真正地活着。这本书会教你如何把想象力融入最不可能有想象力的地方，教你重新获得久违的灵感。这本书能让你改变现状，为生活增添色彩，为急需一剂强心针的人们和急需刺激的环境注入新的能量和生机。这本书会告诉你既要志存高远，也要脚踏实地。**这本书会帮助你彻底把"我应该"这三个字从你的人生字典中除去，并为你规划渴求的成功生活。**

我会分享我的成功秘诀，还有遇到的许多小灾小难，我的缺点，甚至彻头彻尾的尴尬尝试——试图把创造力带到原本就创造力十足的空间，只是人家比较低调，而我没看出来。我在这本书里呈现的故事、例子、观点和角度十分独特，可能在其他同类书中根本找不到。为了探索一切相关内容以激发更多疯狂又有效的想法，我在书中还写到了你可能从未听说过的艺术家和文化变革者。除此之外，书中还写到了遵纪守法的商业领袖，你可能对他们很耳熟，他们在书中分享的见解和经历不得不说相当大胆，甚至处于违规的边缘。

我有幸从我们这个时代最出色的创造性入侵者身上学习——充满反叛精神却又低调，而且我也很乐意与你们一同分享他们的秘诀。比如舞蹈家伊丽莎白·斯特雷布（Elizabeth Streb），她为了探索"我们能不能向上倒"这个问题，把对物理和数学的热爱与舞蹈相结合；我的另一个好友伊丽莎白·卡特勒（Elizabeth Cutler），她将自己的专业知识和精明的商业头脑相结合，投入魔鬼健身品牌SoulCycle的经营。还有很多名为伊丽莎白的创造性入侵者。

一旦你了解创造性入侵多么强大（而且简单），你就会想这样做。创造性入侵需要入侵者打破某些规范，进入未经授权的空间和情景，启发人们做出更多出于责任和必要性考虑的打破规则的行为。我们要扩大办公桌之间、部门之间、规则之间的想象力，以便在其他人只能看到限制性规定的地方获取灵感。

那么，你准备好了解这本书了吗？先从规则开始。不要担心。规则十分安全适用。此刻，你可能会说：等一下，规则？

有规则那就听起来没那么反叛了。但问题是：我们只有知道了规则才能知道何时打破规则、遵守规则或者改造规则。就像辨别舞台方向是演员探索舞台周围的开始，学习规则是我们规划自己路线的第一步。规则提供了帮助我们定位的情节点。规则是结构，我们可以探索学习规则，抵抗规则，推动规则发展，改变它，破坏它，用它来给自己定位。学习规则很重要，因为我们常常忘记了解可能性是创造不可能的前提，想象是再想象的第一步。所以有下面几点：

创造性入侵的规则

规则 1: 恐惧已经过时

开始面对恐惧、逃避、惰性吧。强迫自己走出舒适区，创造出独特、新颖、美妙的东西，给自己带来惊喜。

规则 2: 改变常规

当你面临要在原创与从众之间二选一时，记得要选择少数人走的那条路。要敢于挑战常规，挑战现状，打破人们陷入困境的体制，这样会带来更多快乐、幸福和自由（在工作中也一样）。

规则 3: 自我许可——因为没人会许可你

为梦想而偷偷自我许可是完全合法的。谁会来阻止你？阻止你的人根本就不存在。而你的梦想是真实存在的，所以一往无前，奋力追求梦想吧！

规则 4: 标新立异

拥抱那些让你脱颖而出的东西！捍卫灾难、缺陷和极度尴尬的时刻，要知道这些才是最好的艺术、想法、创新和经验的所在！

规则 5: 别再怀疑

抛开逻辑和限制，思考什么是可能的、有希望的、有益的，然后问自己——如果事实恰恰相反呢？那么就跳起来，对抗重力，爆发你的小宇宙！

规则 6: 逃学（班）

先了解规则再质疑它们。逃离办公室，去外面的世界看看，这绝对是寻找激情的绝佳办法。

规则 7：按常规思考

将创造力偷偷融入工作空间，无论空间多小。打破限制的墙壁，为无限的想法腾出空间。越没有想象力的办公室——或者工作或者职位或者角色——想象力就越重要。

规则 8：丢掉地图，找到你的方向感

迷路时，找到自己的独特道路。激发你的同理心，让你的价值观和信念指引你走向少有人选择、不那么有目的性的道路。

规则 9：释放内心的反叛

用局外人的好奇心挑战僵化的商业概念。把这句话作为你的战斗口号：创造是一种反叛行为。

规则 10：让负担症候群见鬼去吧

别再自我怀疑了。相信你自己吧，你已经完成了本职工作，培养了技能，已经准备好震撼全场了。

规则 11：跳出成人的行事方式

想象一下没有想象力的生活。简直不可想象！用想象力去探索什么是可能的，然后再重新想象。学着假装相信，利用你那无拘无束的童心中的创造力。

规则 12：直面失控

带着勇气、好奇和创造力向前冲，直面日常烦恼、挑战和他人的期待。让坚韧不拔的性格住进你的身体里。

规则 13：擅自闯入公司野餐

大胆的恶作剧往往使我们与众不同。找到那些你从简历上漏掉的非常规技能，并偷偷地把它们融入工作中。

规则 14：提升倾听的能力

我们的生活混乱嘈杂，所以我们需要空间倾听自己的想法，建立联系，让想象力自由驰骋。不要把生活填得过满，要为思想留出空间。在寂静中听听音乐，让心中不可见的想法渐渐明了。

规则 15：为了艺术，唤醒你的工作文化

为一成不变的工作程序、过程和实践注入新活力。寻求艺术的帮助，去其他出乎意料之处寻找灵感，让你的工作文化变得先进有活力。

规则 16：让等级制度燃烧吧

打破地位和职位的虚饰，激发变革，促成行动和合作。认可人们独一无二的能力，给予每个人上台发言的机会。

规则 17：重构责备思维

责备的借口枯竭之日就是体验创造力涌流之时。选择放手，走向自由。

规则 18：让工作变成假期

我们通常认为假期是思考、学习、探索的唯一时机。是时候把这种好奇心、对冒险的渴望、度假时专注的宁静带到工作中去了。工作不顺心时，采用度假心态，给自己做一杯玛格丽特酒。

规则 19：如果一切都失败了……继续排练

所有"即刻"的成功都经历了多年的尝试。冒险，收集反馈，练习，启动，重复。成功就是面对失败的不断尝试。

规则 20：保持你的注意力

初入职场，你可能不得不做些平凡无趣的事情。但是当你开始关注貌似瞎忙的任务时，你会从中发现学习的大好机会。

当占用你时间精力的无聊工作剥夺你的想象力时，别傻乎乎地咬紧牙关，忍到底。试着把它转换为灵感。

规则 21: 彰显自己

无论去哪，都别忘记带上你的幽默。找到自己独一无二的表达方式并以此激励你的同胞。让无穷的好奇心指引你走上通向精彩人生的独特之路！

既然知道了奖励多多、回报巨大，那就马上开始吧！

你还在等什么？许可吗？这时候还要什么许可！如果我等待许可的话，我就不可能站在这里：不可能以演讲、提供咨询、指导和写作的方式走遍世界。没有许可，我过得还是很开心。一开始，我就自我许可了。

所以，唯一的问题是：你想主宰自己的生活吗？你准备好填补工作和生活之间的空隙了吗？准备好消除创造力和应尽职责之间的区别了吗？准备好消除工作和自我之间的冲突了吗？准备好一步又一步地跨出舒适区了吗？学习如何利用创造力创造更加自由真实的生活，你准备好了吗？

目　录

CREATIVE TRESPASSING

第一章　恐惧已经过时

我不能理解人们为什么要对新鲜的观点感到恐惧。我恐惧旧的。

——先锋派作曲家，约翰·凯奇（John Cage）

19岁时，我确定了我的职业方向。给予我指导启发的不是上帝，也不是我的守护天使，而是一位高大又严肃的本科生导师。他告诉我，"学院唯一的剧本写作课程是研究生课程，而你是本科生。不过你可以写一篇文章，交上去，试试看能不能听这门课。不过机会渺茫。"

很多人站在我的角度会认为这是坏消息，但是我一直热衷于做机会渺茫的事情。甚至如果成功概率太大，我可能从一开始就放弃了。这是从我爸那继承来的特点。好吧，他是失败者的官方指南。他以前只在头奖丰厚的时候买彩票，而且还得是在他心情好的时候，能让他觉得在附近酒吧边喝着威士忌，边用薄硬币的边缘小心翼翼地刮开覆盖数字的银色涂层也是件妙趣横生的事情。通常他只中一美元或者两美元——有次他居然中了几百美元——但是对我爸来说,这不仅关乎赢得头奖,而且还关乎期待,关乎白天喝醉后一想到战胜一切困难赢得头奖后的飘飘然。对他来说,困难越大,乐趣越多。

所以,作为我爸的翻版,我当然忽略了导师的建议,我决定写篇讽刺诗,就写自负者在咖啡馆里朗诵诗歌,题目就叫《我穿黑衣服!而你没有。》("I Wear Black! And You Don't.")

第一行:"你,就像特大杯咖啡底部的臭虫……"

最后一行:"我横着划开了手腕,没有竖着划,然后笑。哈哈哈。我穿黑衣服!而你没有。"

事实证明,我的运气比我爸的好得多。因为我不仅没有因为诗歌中的割腕而受到防自杀监视,而且还赢得了大奖:研究生剧本写作课上的一个座位!学期第一天,我非常兴奋,几乎连蹦带跳地进了教室。我简直不敢相信自己的好运。不用将就着跟一群本科生一起上课,太好了!我一边想着一边在一个女生旁边找到了座位,她正弯着腰,在笔记本上拼命地写些什么。

全班包括我在内只有七个学生,所有人的打扮都反映着当时的潮流——邋遢范儿,黑色T恤,法兰绒衬衫,破旧牛仔裤和脏脏的运动鞋,透露出刻意的阴暗气氛。而我的装备——大大的银圈耳环(配上又短又刺的头发)和淡粉色的牛津纽扣衬衣(我的衬衣可没塞在浅蓝色牛仔裤里)——让我浑身散发着一种与其说是"未来托尼奖获奖剧作家",不如说是"专业女同性恋"的气息。那些研究生的笔记本都一样,就是那种封面上有黑白斑点的典型20世纪90年代的笔记本。而我的笔记本是自信橙(也有点荧光,但差不多)。不要担心这些细节,我安慰自己。你属于这里。这些都是你的匆匆一瞥,别在意。

上课的头几分钟就在令人毛骨悚然的沉默中过去了，而其他学生好像都能用我不会的某种秘密语言进行心灵感应。教授一直忙于折腾他的破旧的棕色皮包，从里面拿出了神神秘秘的东西放在桌上。终于，他坐了下来，面向我们，然后发出了口令："有3个人被困在一辆行驶的车里。开始写吧！"穿着法兰绒衬衫的6名老练研究生迅速打开了一模一样的笔记本，落笔，然后他们的双手开始移动，好像编写剧本的神圣力量光顾了他们。然而，这种力量似乎忽略了我，我根本不知道发生了什么。我吓呆了，动都动不了。我发出了一个模糊的吱吱声，就像锡人（Tin Man）转动时发出的声音，然后身体向前倾，低声问教授："我们在写剧本吗？我们在这写剧本吗？"

教授肯定地点点头。大多数人得到这样的回答可能会开始奋笔疾书，而我却坐在那里，呆若木鸡。我写不出来，卡壳了。我才来了5分钟，创作才思就枯竭了？我整个人都害怕起来，脑海里忍不住设想很多"假如"。假如我写不出来怎么办？假如我写得很糟糕怎么办？假如我的研究生同学们取笑我怎么办？假如他们发现我就是个伪剧作家怎么办？假如我崩溃了怎么办？

别无他选，我只好拿起笔，开始写剧本开头的舞台方向，灯光……然后最奇怪的事情发生了。我一直写，直到教授喊"时间到"才停下笔。"把你们的剧本都交上来。"教授说。直到那时，我才意识到我一刻没停地写了整整55分钟，整个人都很兴奋，注意力高度集中，甚至不觉得饥饿。最神奇的是，我写得其实很棒！因为教授打电话让我第二天去他办公室，他对我说："塔尼亚，剧本写得很好。"接着他说出了我只有在最美妙的梦中才听过的话："这剧本应该参加剧本写作大赛。"

我讲这个故事不是为了吹嘘我有剧本创作的天赋（好吧，也许有那么一点点），而是为了说明那一天我坐在教室里，白色的光亮得晃眼，突兀的橙色笔记本上一片空白，不知如何下笔，这样的经历，和每个人——每个表演者、画家、软件开发工程师、经理、教育家、收银员、空乘员——第一次尝试的样子并无二致：面对空荡荡的舞台、空白的页面、空荡荡的画布、休眠的电脑屏幕、陌生的路线、明朗广阔的天空，一切从零开始。无论我们从事的是令人灵魂枯竭的工作还是酷酷的"创造性工作"（或介于两者之间），我们每天都是从零开始。但是每一天都有一件很重要的事情：我们如何安排生活，充实生活。**我们要决定好今天是按传统安全的预期路子走，还是选择大胆冒险、创意十足的行事方式。**

我们是傻傻地盯着空白页面，祈祷某种神圣力量赋予我们写作灵感，还是选择主动探索未知，拿起笔，开始写。要知道迈出第一步的某个简单行为可能会促使我们探索下一个领域，获得一个又一个成就。很快，积少成多。最终，面对空白页，我们既可以选择写些什么，也可以任恐惧和自我怀疑控制我们，选择什么都不写。总的来说，每天是否要过得有所不同取决于我们自己的选择。

即使是最具创造性的人物也无法避免对一切为零的恐惧。意大利著名艺术家莫瑞吉奥·卡特兰（Maurizio Cattelan）在20世纪80年代迎来了第一个个人展。本来这是一个开启艺术职业生涯的好时机，但是他一点头绪都没有。他完全被恐惧给吓坏了；想到要创作并展出自己的艺术作品，他就感到极度害怕、焦虑和不安。美术馆的工作人员也束手无策。展览的组织者不会因为艺术家创作受阻而考虑改变展览日期。他们一丁点儿都不在乎莫瑞吉奥·卡特兰创作受阻这件事。无论如何，展览都会如期举行。距离展览的日子越来越近了，卡特兰的焦虑与日俱增，创作灵感也越来越少（甚至一点都没了）。所以他做了一件唯一能想到的事情：马上逃之夭夭。

展览的开幕之夜到了，卡特兰会怎么办呢？他关闭了美术馆并且在门上挂了一块牌子，上面用意大利语写着"torno subito"，意思是"马上回来"。结果，艺术界很欣赏他的做法！艺术界人士很快明白了门口的牌子意味着卡特兰承认了自己的恐惧和焦虑，我们所有人在不得不展示自己的作品时都有过这样的情绪；他们认为这块牌子反映了艺术本质。卡特兰没有在美术馆里展出作品。反而，他选择投奔内心的恐惧，把恐惧转化为真正的艺术作品。神奇的是，从那以后，无论他的创作多么不顺利，他再也没有回避过展览，同时他也开始享受成功的艺术家生涯，因为卡特兰说自己已经"用艺术方式表现了不可能做某事……用艺术体现了不安和失败"，直视它们以后，他已经不再畏惧了。

这就是成为创造性入侵者的关键。直视恐惧、焦虑和近在眼前的任务截止日期，并将其转化为艺术作品。无论我们面临的是即将到来的艺术展览、一份新工作、一个大项目或者报告还是上台展示，只要发挥想象力和创造力，我们就不会空手而归。用独特、新颖、美妙的事物填满整个空白页面——这便是创造性入侵者的职责所在。

说起创造性入侵，你可能想问些大家通常都会问的问题，比如：如果我在极其保守的公司工作，我怎样在一定程度上打破规则、填补空白呢？我用有趣的灵魂换取了一份好工作，福利待遇一流，但工作起来好比戴着金手铐。

我理解你的感受。我曾经也被某些工作牢牢束缚着，甚至工作中还要穿勒得紧紧的公司文化衫。办公室小隔间就像自己打造的灰蒙蒙的透着微微亮光的监狱，对此我也深有体会。而值得高兴的是我们可以摆脱束缚，或者即便工作环境极其保守，至少也可以放松企业施加给我们的桎梏并打破常规；在这种情况下，我们可以用自然简单的方式入侵：不大张旗鼓而是悄悄进行。所以说将创造力悄悄融入工作的办法大大小小有很多，风格也迥异。因为只有你在公司站稳脚跟后，才有选择权，才能点燃职场想象力——同时又保证你自己不被辞退。

还有一个我经常听到的问题：如果有人反对我呢？如果我的想法被打压了呢？

如果你成功打破了职场现状，毫无疑问，你会遭遇反对的声音，也绝对会被打压。但是总有人，有团队，甚至会有整个部门回应你，支持你的勇气和创造力，关心你的恐惧，在意你的不甘和反抗。

艰难痛苦的时刻很快就过去了，取而代之的是欢喜愉悦：你做到了。你的创造性入侵行为越多，你遇到的反对声音也就越多，而正是反对的声音才让你知道你正在做你想做的事：鼓动同事们走出舒适区，为公司文化注入新活力，点燃职场的创造性革命并最终因此产生更多激动人心的创意、更真实的联系以及更深刻的见解。

CREATIVE
TRESPASSING

第二章　改变常规

创造是一种反叛行为。

——美国舞蹈家、编舞家，泰拉·萨普（Twyla Tharp）

　　我小时候玩的第一个棋类游戏就是滑道梯子棋（Chutes and Ladders）。因为是给学龄前儿童玩的，所以棋盘格子上没有词汇，只有小孩子参与的各种活动图片。图片分为两种，像做家务这类的是"好行为"，用蜡笔在墙上画画这类绝对不允许的事就是"坏行为"。如果棋子落在好行为格子上，你就可以通过爬梯子，从编号小的格子前进至编号大的格子。要是落在坏行为格子上，你就会通过"滑梯"，从编号大的格子退至编号可能极小的格子。

　　这些关于"好"与"坏"的分类常常让儿童时期的我很困惑——并且现在我仍然感到不解。实际上，其中大部分的淘气行为并没那么坏；有些还既有创造力又有趣。比如，迎着风，笑容灿烂的孩子骑车时双手双脚都离开了自行车。比如在墙上画星星和闪电。还有一个小女孩正小心翼翼地拿着一摞盘子（也许是为了帮她妈妈，因为她不争气的爸爸在赛马场赌马时把房租钱都输了）。当然，那些盘子逃不过被摔得粉碎的命运，但那也不是她的错！所有以上行为在游戏里都没有好结局。你可以想象，三岁时充满好奇心的我看到这些同样充满好奇心的孩子的下场，我有多么害怕。

令人惊讶的是，这一款为孩子设计的游戏传达的信息居然是：孩子的好奇天性会得到惩罚。如果游戏里骑车时手脚都离开自行车的孩子没有摔断手臂，反而成了穿着披风的特技明星埃维尔·克尼维尔（Evel Knievel）呢？如果在墙上涂鸦的小女孩不用拿着海绵擦洗墙壁，也没有受到大人的鄙夷，反而得到了一块画布，成了知名画家弗里达·卡罗（Frida Kahlo）呢？如果颤颤巍巍地拿着一摞盘子的小女孩成了下一个著名厨师朱莉娅·查尔德（Julia Child）呢？

如果这些孩子没有受到惩罚，反而因打破常规、挣脱乏味而得到奖赏呢？

这款游戏暴露了一个更大的问题：我们当中的许多人从小就被教育如果我们敢调皮捣蛋，敢做出格的事或者敢去冒险，我们最好做好承担后果的心理准备。不幸的是，这样的认知在我们迈入成年并进入职场以后变得更加强烈。现在我们要爬的不是游戏里的梯子和滑梯，而是职场阶梯——如果违反规则，后果将无比严重，这场职场游戏显然风险更高。但真的是这样吗？不是。作为创造性入侵者，我们应该明白"好行为"意味着打破规则并创造更多可以表达心声、大胆贡献、激发好奇心的机会。

直到六年级，我才彻底明白"好行为"的真正意义。那时我是男子棒球队的唯一一个女生，我妈把我的头发剃成头顶及两侧短，后面长的样子——我整个人洋溢着先锋派的气息，简直可以说是当时胭脂鱼发型的先驱了。当时我还疯狂迷恋英国流行摇滚乐队文化俱乐部（Culture Club），更具体点是喜欢乐队队员乔治男孩（Boy George），以至于我常常把"塔尼亚·乔治"挂在嘴边。差不多也是那时候，我开始在卧室练习简单的单口喜剧（stand-up comedy），用梳子当话筒，开始表演前我会轻拍几下，接着假装向观众提问："准备好了吗？"实话说，我酷得很前卫。我在以前就尝试过我现在所做的事情。就跟许多超前的伟大发明一样——互联网、无人驾驶汽车、成人纸尿裤——我的酷并不被当时的主流社会所理解或者接受。

每次因为违反常规而被迫接受惩罚的我看上去很不情愿，但实际上十分开心。有时候是因为违反了学校的规定，比如有一次，我因为用F开头的词语（即脏话）称呼了某位同学，而被罚一整周放学后都要留堂（需要强调的是，是她先以此称呼我的）。其他几次都是因为我违反了某些心照不宣的规则，比如没朋友。不是我不想要朋友，那时候我真的很想要朋友。但是学校"恶霸"卡西（Cathie）觉得我格格不入，无论如何都要给我点颜色瞧瞧。于是她常常用没有明文规定的校园礼节来找我麻烦，推搡我，对我施加暴力行为。那一整年里，无论什么时候我问我妈关于合群的问题，她都会告诉我不要担心。"你只是大器晚成型"，她一边解释一边给我修理鬓角。我父母不是传统的父母，他们教我置身事外就好，鼓励我表达自己的声音，坚持非暴力行为并且做自己。经过爸妈的开导，我也不在录音机里播放文化俱乐部的《噶玛变色龙》（"Karma Chameleon"）这首歌了，而是静静地等待自己大器晚成（等待，等待，等了很久……）。

现在我意识到，六年级（以及所有这之前的年级）的我并不是一个"坏孩子"，我只是经常意外地打破常规。也就是说，我并不是有意地想成为不守常规的人。实际上，我很努力地想融入，变得合群。我的策略是：做自己。"做自己"这句话是老生常谈——从我爸妈、老师、马洛·托马斯（Marlo Thomas）的专辑《自由去做……我和你》（*Free to Be...You and Me*），还有美国广播公司（ABC）的课外专题节目里听了无数遍。所以我认为这也是唯一的办法。现在听起来可能既酷又有趣，但是那时"做自己"真的很难，因为"做自己"免不了会让自己很显眼。

我越想合群，我的破坏天性就越显眼。那时候，我搞砸的不只是一堆破鸡蛋。但是，事实证明，从我爸妈那里以及校园里学到的打破常规者的行为准则——以非典型的办法解决典型问题，用幽默感解决问题，找到并表达你的声音，并且做自己——最后在生活中反而帮了我不少。六年级时，你的与众不同通常会招致他人的欺负；但是在职场，它会让你的工作更上一层楼。如今，公司比以往更加重视创新，因此，与众不同、受关注、打破常规会使你受益。为什么呢？原因有很多：你因此而让人印象深刻，同事因此而视你为领袖，并且任何寻求不同或者独特视角的团队都将你默认为重要成员。换句话说，打破常规让你成为不可或缺的人物。

一进入职场，我的独特嗓音就让我备受有志于开发令人认同的品牌、声音及故事的公司的青睐。幽默感让我能和一些难相处的人成功合作。头脑风暴时，我提出的非典型问题总能激发团队的新想法，使团队得到新成果。有时候我也会说F开头的单词，这时潜在客户就能明白，我不怕接手棘手的项目。总之，我与众不同的天性给我带来了许多合作、创新、吸引他人以及启发他人变得与众不同的机会。

现在，打破常规就是我的职业。但是，以防你们认为我打破常规只是为了好玩，或者为了得到欢呼声，或者为了享受打破常规的感觉，我有必要说明：实际上不少公司都聘请我——主动地——让我去改变他们的工作方式。

因为聪明的公司都知道，打破常规能创造更多学习、修复和成长的机会。因为公司领导层深知，如果公司鼓励员工发现并表达自己的声音，鼓励他们在工作中展现真正的自己，鼓励他们带着好奇心和快乐去工作，员工们不仅不会不满，而且会更有效率。公司领导深谙，同事们越反抗传统和预期，越敢于挑战常规，越能强迫自己走出舒适区，他们的创新能力、竞争力和创造价值的能力就越强。

每个人都在谈论商业多元化的好处。这种好处不只是传统意义上的利益，还包括思想和观点的多元化。精明的公司最后会理解，如果真想培养员工多元化、思想多元化、问题多元化和行动多元化的企业文化，那么必须停止奖励从众行为和群体思维，并欢迎多元化的人、想法、问题和行动入驻团队。

虽然disruption（打乱）这个单词会让人联想起混乱无序的画面，但是实际上，深思熟虑后做出的打乱行为会让工作更有效益。所以阅读整本书时，你会时不时看到我称之为高效反叛法（Productive Disruptions）的小练习，这些小练习能在你寻找改变职场常规的反叛方式时给予你启迪。因为当我们打破现有体制和程序的束缚时，同时也带来了高生产力的合作和团队合作，更大的关注和参与度——所有这些都带来了更具有创意的思想和突破。

所以当你下次面临创造还是常规、独创性还是常态、表达自己的声音还是一言不发、放手随它去还是反对的抉择时，我都希望你有方法、有自信能选择那条更少人走的路。你的老板会注意到你（积极意义上的关注），你的团队会感谢你，同样你也会感激你自己，因为你选择了那条让你发光的道路，因而创造了能让每个人都发光发亮的平台。另外，相信我：**不守常规的生活更加自由、迷人而且无比有趣。**

这里有几种打破职场常规的有效方法！

火眼金睛

每当我受邀去初创企业、大学或者公司发表演讲，谈谈拥抱多元化工作的文化，讲讲赋予女性进入STEAM（科学、技术、工程、艺术和数学）领域的权利，我都会绕着演讲场地周围的设施转一圈。第一眼看到的就是墙上的标语：那些令人振奋的智慧标语，经过精心策划，能点燃下一代行业颠覆者的激情。通常情况下，98%的标语来自男性，而且是白人男性。我只好相信把这些标语挂在这里的工作人员没有考虑到如果公司想让员工欣然接受多元化，那么公司最好也展现多元化的一面，比如标语的多元化。致力于教育年轻女孩的非营利性组织Black Girls Code的创始人金伯利·布莱恩特（Kimberly Bryant）曾说过："如果你没有这种意识，你就不可能将其付诸实践。"

这些显而易见的不一致表明，公司品牌的既定价值观和现实不符合。我和众多领域的公司以及初创企业都合作过，从医疗到高等教育到软件等，所以我清楚，要在公司承诺的价值观和公司实际传达的价值观之间保持一致有多困难。当墙上公开传递的价值观——或者在公司网站上或者在员工和顾客可以看到的任何地方——和公司整体承诺的价值不一致时，我们，创造性入侵者，就要大胆说出来，这一点对我们来说至关重要。

我曾经常去一家服务态度极差的健身房。每次我走进健身房，到前台登记时，从来没收到过一声"Hello""欢迎"或者"最近还好吗"这样的问候。每次都有闷闷不乐的员工在那儿全神贯注地玩手机或者和同事聊得起劲，似乎抬头看一眼都嫌麻烦。前台的工作人员看上去总是不开心，以至于会让人以为他们在血汗工厂工作。重点是他们从事的工作不是体力活，而是一份为客户服务的工作。

有一天，当我走进这家健身房时，我发现墙上有个关于公司价值观的巨大标语：这就是我们的服务风格。而标语的正下方却是一个监控器，就好像公司要重现乔治·奥威尔（George Orwell）《1984》中老大哥的全民监控时代。

为了改善我的服务体验，我和前台客户服务专员谈了谈我对标语的看法："这个标语难道不讽刺吗？这个标语传递的信息是你们想让我们觉得在这里宾至如归，但旁边又安装了一个监控器，时时监控我们的一举一动？"

显而易见，他没有觉察到讽刺的意味。但是创造性入侵者却能由这样的标语开启话题、解决问题并打破不符合公司价值观的常规。

高效反叛法

1. 绕着公司的墙走一圈（并且到公司的网站上去看看）。

2. 寻找公司承诺的价值观（公司的口号、公司使命的陈述、远见等）和现实情况的冲突。

3. 采用头脑风暴的方式吸引大家对矛盾之处的注意，鼓励使日
   常活动和公司价值观一致的文化转变。

4. 利用幽默感。参观完98%的公司的墙壁，我马上在演讲的
   PPT上加了一页："我是男性的粉丝——我爸就是其中之一，
   很多朋友也是男性，我弟弟也是男的！唉，劳动力的多样化
   已经证明能给公司增加竞争优势，所以，公司的口号不妨多
   样化些？"如果观众看到这张PPT时难为情地笑了，在问
   答环节也有精彩问答，那么这张PPT就可以说做得很成功了。

有时候，公司墙上并没有什么不当之处：既没有名人名句，也没
有艺术作品，只有脱落的油漆和糟糕的照明，就像刚刚经历过《僵尸
启示录》（*Zombie Apocalypse*）中的大劫难。但是这样的场景更可怕，
因为这不是灾后现场，这是你的工作场所。在这种情况下，那就得自
己动手！找一些既鼓舞人心又多样化的名人名句或诗歌或者任何你认
为可以贴在墙上的东西。如果你足够大胆，可以到下班以后再行动，
采用淘气捣蛋的装饰风格。

俄罗斯戏剧导演、戏剧教育家康斯坦丁·斯坦尼斯拉夫斯基
（Konstantin Stanislavski）曾经活跃于世界戏剧舞台，他善于打破常规，
十分多产。他常教导演员要体现角色而非佯装角色，这让其表演方法
论流行开来。"这个角色处于悲伤情绪吗？行，那我待会要皱眉，展现
出无精打采的样子，来表现角色的悲伤。"不同于生硬地模仿角色情
感，斯坦尼斯拉夫斯基鼓励演员调动与角色情感类似的自我"情感记
忆"。通过这种方式，演员可以真实体会到角色的感受，展现丰满真实
的舞台角色，而非僵硬地模仿表演。

在商界，许多领导仍在机械地扮演着领导这一角色，不展现真实自我。"我是CEO？那我就要严厉点，表现出无所不知，对下属指手画脚的样子，这样他们才会明白自己的职责，意识到我的权威。"但问题是，如今想在商界获得成功，就得理解客户、同事的内心，掌握企业文化的本质。**如果我们总是根据级别、职称对角色进行模式化表演，就很难赢得人心。**

我的朋友雪莉·卡梅隆（Sherry Cameron）是一家公司的创始人，担任公司CEO，也是一名心理咨询师。雪莉平时常和身处危机的人以及公司打交道，她对康斯坦丁的这套方法论进行了创造性改编，以帮助团队成员加强相互理解。雪莉不会死板地用一套标准化的模板来随意评价别人；相反，她会坐下来和每一位团队成员沟通。这种方式也更加人性化。她会问成员平时在公司是怎么工作的，为什么做这份工作，以及目前都做出了哪些成果；她让成员都谈谈自己的难题、挑战和抱负志向，以这种方式逐渐真正了解他们。谈话过后，她拿出一个装满小纸条的帽子，纸条上写着公司不同成员的办公位置：高级办公室、小隔间、财务总监办公室、CEO的办公室、前台。每位成员挑选其中一张，打开看看自己挑中了哪一个，接下来他们就要在新办公地点工作几个月。比如，财务总监从豪华转角办公室搬到了行政助理的前台，CEO落到一个小隔间，HR接手CEO办公室，等等。

雪莉认为，由此人们可以体验坐在同事工位上上班是什么感觉。事实上，办公室交换有助于培养同理心，而同理心有利于更高效地合作、交流和联结。还有一个好处，员工不能再以自己的高级职位自居。

高效反叛法

1. 在小纸条上写下所有办公室、小隔间以及所有工作区域的名称。将每张纸条折叠，放入帽子（大杯子、桶或者其他合适容器均可）。

2. 每位成员挑选一张纸条。

3. 所选纸条上展示的地点即为该成员今后的新办公地点，持续时间可以为一周、一个月甚至一年。

4. 在交换完毕后的几天内，召开会议检查。会上，团队成员可能会积极讨论公司等级制度、团队合作、思维倾向、办公桌抽屉里的奇怪物体等话题。

如果你不想大张旗鼓，不妨把它当作思想实验。

CREATIVE
TRESPASSING

第三章　自我许可——
因为没人会许可你

我有些朋友在办公室上班。他们在休息时间总是感到紧张，于是他们开始戴着假发休息。他们戴着假发休息了 15 分钟，发现整个人都很放松。这就是假发疗法。

——表演艺术家，劳丽·安德森（Laurie Anderson）

16 岁时，我申请到了人生中的第一份工作。工作地点是一个名为"冰雪绿洲"的地方，实际上那地方既不下雪也不是绿洲，只是亚利桑那州一个出售风味刨冰的破败小棚屋。甜甜的"雪花"吃起来很好玩，但是做甜"雪花"就没那么有趣了。

当时我只是一个前来面试卖风味刨冰的青少年，但是面试过程出人意料地严格。一个小型柏油停车场的中央有一条摇摇晃晃的野餐长凳，我坐在凳子的一头，我的未来老板艾伦（Allen）就坐在另一头。

艾伦：你为什么想在这里工作？

塔尼亚：我喜欢这里的产品。

艾伦：你认为自己可以给"冰雪绿洲"带来什么？

塔尼亚：好奇感。

艾伦：你会如何平衡学习和这里的工作？

塔尼亚：我不学习。开玩笑啦！我很擅长时间管理。

艾伦：你愿意在这里工作一年吗？

塔尼亚：完全愿意。

　　不知怎么，我得到了这份工作（幸运如我）。尽管事后回想起来，我万分肯定当时艾伦心里一定很绝望，因为我说的并不是他想听的。我应该说："艾伦，两三年以后，我一定能在当前岗位上发光发热，能想出像'无可阻挡之草莓仙人掌刨冰'这样的创意新口味。四年之内，我一定可以自己经营一家'冰雪绿洲'。5年之内，我就能参加刨冰峰会，拿到刨冰新人成就奖。还有，谢谢你，艾伦，你是风味刨冰行业最棒的老板。"

　　唉，但是成为刨冰巨头的人不会是我。起初，由"冰雪绿洲"的忠实顾客转变为可以进入刨冰操作间的员工，让我觉得仿佛可以揭开帘子偷看一眼藏在后面的奇妙奥兹男巫（《绿野仙踪》中的人物）。但是男巫实际上就是穿着廉价衣服的邋遢男人，"冰雪绿洲"的光环也同样是种错觉。小小棚屋的内部比外部看起来更小、更脏。更让人受不了的是，棚屋里莫名其妙地有台切肉机，肉味若隐若现，挥之不去。呸！

　　在我成为一名自豪的"冰雪绿洲"员工的第一天，艾伦就向我展示了如何制作刨冰。我先把一袋50磅（约22.7千克）重的难闻粉末倒入一口超大的锅里，加入大量的水，再搅拌，直到双臂的每一块肌肉都疼痛不已。然后，艾伦把大锅推进了冰箱，而我围着一条脏兮兮的围裙，在齐腰高的橱窗前招呼排着长队的顾客。我一推开排队窗口，订单就源源不断。注意，那时还没有方块刷卡器或者苹果支付，也没有比特币，我们甚至都没有收银机。我们必须自己给顾客找零，还要祈祷算得正好，没有多找零钱，否则多找的部分得从微薄的薪水里扣。当时，刷信用卡能花整整7分钟，因为你要先把它放在一个看起来像中世纪酷刑用具的迷你装置上，然后用尽你的上半身力量，用坚硬的塑料条刷过整个银行卡来读取卡上的16位数字。而且往往不会一次读取成功，你必须重复以上动作，这时顾客愤怒的眼神会一直盯着你，仿佛能在你的额头上钻个洞。

很快我就意识到，使用老得掉渣的支付工具、把刨冰舀入泡沫塑料杯、从甜品爱好者那里接单，这些都不是我的强项。在"冰雪绿洲"才任职4天，我就开始受不了那极小的空间，仿佛得了极度幽闭恐惧症，也受不了旁边切肉机散发的恶心味道。所以，我花了一小时写辞职信，给自己做了一个一半柠檬味一半草莓味的刨冰，然后就离开了令人生厌的棚屋，永远不会再回去了。

"艾伦，"我写道，"这几天我四处游历，我发现这里并不适合我。我要离开'冰雪绿洲'。立刻马上。"

说实话，作为一个肥胖的无业青少年，游历次数最多的地方就是街角小店，去那里买点小黛比蛋糕（Little Debbie）。但是，突然辞掉那份蹩脚工作的经历教会了我一个宝贵的道理，并且至今我仍然奉为圭臬。不知怎么，16岁的我竟然有勇气能够毫不犹豫地说出"这不适合我""我要辞职"这样的话。辞职这事我事先也没有征得任何人的同意。我也没有因为起初选择在这里工作而责怪任何人。我也没有抱怨过种种可能违反健康规章的行为或者切肉机。我做了一个为自己着想的决定（这对顾客也好，不会再少找钱了，也不会被克扣刨冰分量了），没有什么可说的了。

我们明明只管放手追求梦想，为什么还要征得他人的许可后才能追求梦想呢？

莱特兄弟（Wright brothers）会空等他人给予追求梦想的许可吗？你能想象吗？如果真是这样，奥维尔（Orville）会说："威尔伯，你能问问妈妈，如果我们搭乘亲手建造的飞机飞上天空，她会不会觉得很酷？"威尔伯（Wilbur）就会问："妈妈，如果奥维尔和我能飞上天空，是不是很酷？"这时候苏珊（Susan，他们的妈妈）会回答："绝对不行！我已经得肺结核了，你们两个孩子想害我吗？给我好好待在地面上，别想着飞上天空，快到厨房帮忙！"显而易见，这两个年轻的创造性入侵者并没有空等他人许可，他们直接就把飞机飞上天了。**如果你问别人，总有人会说出一个理由，劝你别追求梦想。所以不用问。**

孩提时期，直觉就告诉我们，寻求许可是没有主见的人才做的事情。如果我们想吃奶油夹心蛋糕，但是午餐盒里只有一袋迷你胡萝卜，我们不会询问老师是否可以把难吃的胡萝卜和某位心地善良的同学的午餐交换一下，我们直接行动！如果在扔垃圾的时候，发现邻居在马路上扔了一堆纸箱，我们想捡去在车库里建一个纸箱堡垒，我们也不会问爸妈能不能搭建纸箱堡垒，我们直接上手！如果我们想爬篱笆，爬树，爬山，或者想爬有踏脚处的任何可攀爬对象，我们都不会问能不能三个字，我们自会找到攀登的方法。自我许可是我们基因里的天性。我喜欢称之为"Y-NOT"染色体。

　　所以为什么不试试？有什么事情你一直以来都很想去做却迫于无人给你去做的许可而从未行动？我在这里说的不是给同事的订书机里塞果冻或者打印公司的支票去提现等这样不合理、不合法的事情。我说的是既能振奋自己又能振奋公司同事，为公司文化注入新活力的事情。

　　如果你担心结果，那我告诉你，不必害怕。只要你做的是有益的事，有创意的事，能为团队或者公司带来价值的事（并且不违法），你就不会失败。激发大家的创造力，维护大家的尊严，给大家带来活力、快乐，让所有人获得尊重，你在做这些事情时也等于在工作。

　　例如，为什么不集思广益解决公司没有注意到的所有问题呢？是否存在这样一个问题，解决它就能推动企业向前发展？提出三个创造性解决方案。在下一次全体会议上说出你的想法。

　　所以为什么不开启一场场交流观点的披萨午餐呢？只要找几个你想认识的其他部门同事，写一封邀请他们聚餐的邮件，披萨之旅不用获得他人许可，就可以直接开始了！吃披萨时你就能了解另一份工作、另一个部门或另外的观点。还有什么能够锦上添花？纸杯蛋糕！纸杯蛋糕和披萨更配哦！还有，你不用问是否需要带上纸杯蛋糕，只管带着去就是了！

　　有哪些事情可以允许自己去做？以下的想法供你参考。

高效反叛法

1. 给团队成员群发邮件，邀请他们来你的小隔间或者办公室参加 10 分钟的跳舞派对。

2. 美化公用工作空间（大厅、休息室、卫生间、地板、天花板），用节日装饰物、鼓舞人心的名人名言、花和艺术品进行装饰。

3. 勇于和 ×× 公司 CEO 分享你对公司未来的见解。

4. 自我介绍。如果公司里有某个人从事你一直想要学习的工作，向这个人进行自我介绍，并询问能否跟随他实地学习一两天。

5. 发放和自我许可相关的小贴纸或者小纸条让你的同事明白自我许可是一项权利。

   想要更多动力吗？问问你自己：

   这会让同事、团队或者某个想法更有生机活力吗？

   谁会来阻止我做这事呢？

   我还在等什么？

   如果你的回答分别是"是的""没人阻止""我也不知道自己在等些什么"，那么你马上可以行动起来！

发明职业头衔

我的朋友文斯（Vince）是一名建筑师，几年前，他曾气愤地说："我的职业头衔真让人恶心。我想要酷酷的、能反映工作内容的头衔，比如迪士尼的梦想家之类的。"我认真替他想了想后说："这个嘛……建筑物竖立家！因为你让建筑物拔地而起，而且建筑物竖立家的家和梦想家的家也是一样的，对吧……"

好吧，这个头衔可能不适合打印出来，不过这确实让我觉得为糟心的职业头衔而不快这事，多让人憋屈啊。我们在出生时遇到难产就已经够惨了。一旦我们成功降临到世上，开始走路和说话，一些居高临下的成年人就会轻拍我们的头，问道："长大后你想成为什么样的人？"问这么小的孩子，这是哪门子诱导性问题啊？！更何况，从我们说出答案的那一秒——要么是宇航员，要么是教师，要么是宇宙主宰或其他什么——我们就被此类答案束缚了。这是我们给每个喜欢捏脸的亲戚长辈的答案，这是每次写题为《长大后想要做什么》的作文时照本宣科的标准答案，10 年后，我们以相同的答案回答每个好心的职业咨询师和大学招生顾问。甚至当我们能够避开答案陷阱时，我们却不知不觉地认为这样的答案是唯一能让我们获得成功的答案。这就是令人厌恶的地方。

然后，我们开始工作。工作内容取决于一个 2 英寸 × 3.5 英寸（约 50 毫米 × 89 毫米）的地方——名片，我们的微型广告牌。我们被分配到某个部门的岗位上，很快我们就生活在名片中无法自拔——我们是谁，我们的工作是什么。具有讽刺意味的是，现实中，大多数正式职称很少能反映工作的实际内容（如，"客户数据和信息管理专员""销售、饲料和水产品的库存分析师""区域经理助理"）。

创造性入侵者们，注意：**职称并不能代表我们**。我一开始进入技术行业时，没有职称，但这并不妨碍善意的人在会议和聚会上询问我："所以，你的工作是什么？"当我绞尽脑汁地尽量准确描述我的工作，好让我的工作听起来尽可能地重要并且让人印象深刻的时候，我起初表现得会有些不自然，然后会有戒心，最后又扭怩起来。

"呃……我是软件公司的演讲人。还有……我，我正在用同理心颠覆技术行业的常规，我还是……我还是……唉，那是那个CEO吗？他好像在等你过去……"

我曾参加过里程碑风险投资首席信息官峰会（Landmark CIO Summit），会上我要在400名首席信息官（Chief Information Officer，CIO）面前演讲。直到正式上台听到他人介绍我，我才明白了我的工作内容和职权。实际上，我的每个职称既奇怪又令人尴尬，但是这样很棒！因为我可以尽情发挥，自己发明一个职业头衔。

当时在峰会上，里程碑风险投资首席技术官安东尼·朱利诺（Anthony Juliano）担任主持，他站了起来，开始介绍我，"塔尼亚是一名CIO……"

哦，不！CIO？首席信息官？他从哪里得到的错误信息？我开始慌张，我的前一位演讲者正滔滔不绝地谈论着人工智能（AI）、图像分析技术（IA）和虚拟现实技术（VR）。我的演讲主题是如何把创造力融入公司，以此鼓舞人心，而不是给信息风险管理提建议。我也不打算把我解决技术问题的常用应急办法告诉观众：关机，数十秒，再开机。

但我还没来得及站起来，跑到最近出口，就听到安东尼继续向大家介绍我。"她是一名CIO，即首席灵感激发者（Chief Inspiration Officer）。"

哟！好名字！一直以来，每当别人问我"你做什么工作"，我都理解为"你的工作头衔是什么"——这是长大后想做什么的成人版问题。但是现在我把这个问题解读为：你的工作目的是什么，你每天为公司做些什么。

大多数企业文化的常规流程就是：录用，获得头衔；晋升，获得新头衔；以此类推。但实际上，我们所有人都有能力改变这种常规操作，创造发明自己的专属头衔。方法如下：

比如作为前台经理，你热衷于解决问题，善于让来客宾至如归，主要负责促进沟通交流和处理订单，那么你也可以称自己为联络馆馆长、工作流程的CEO、调度女神或者一流话痨。

如果你没有权力改变你的头衔，可以询问上级能否加上新头衔。如果行不通，你可以定制一箱印有醒目新头衔的名片，谁会阻止你这样做呢？

发明新头衔也可用于团建活动。和同事一起讨论大家的职业头衔，为彼此创造新头衔。即使新头衔不适合印在名片上，这种创造性思维也有利于发现彼此工作之间更深刻的联系，同时，有利于我们加深对工作的理解，有利于我们从目的出发考虑新头衔，而非职业角度。

高效反叛法

1. 写下你在工作时最喜欢做的事情，让你（和你身边的人）充满活力的事情。

2. 写下你的工作职责。

3. 结合你的工作目的和工作职责，创造新头衔。

做一件你妈妈永远不让你做的事情

你能想出一件——或者200件也行——你妈妈（或者爸爸或者门卫）曾说过永远不要做的事情吗？我指的不是不合情理的要求，比如

"不要把你弟弟推进迎面而来的车流里"或者"不要在自己的头发上点火"。我指的是那些具有实验精神，不会造成伤亡的事情。比如：

1. 永远不要成为一个艺术家／作家，否则你养活不了自己。

2. 永远不要和玩乐队的人约会。

3. 不要没化妆就出门。

4. 不要把脏盘子放在洗碗池中过夜。

5. 永远不要像你父亲一样行事。

6. 你要是敢说 F 开头的词，我就拿高露洁肥皂（Colgate-Palmolive）把你的嘴洗了（代表我们这些由高露洁肥皂陪伴长大的人——去你的，高露洁肥皂）。

7. 看在上帝的份上，在他人面前不要表现得很开心（否则别人会以为你傲慢自大）。

现在，你可以从你自己的列表里选几件事情，大胆去做吧！

CREATIVE
TRESPASSING

第四章 标新立异

不要担心酷或不酷，创作你自己的不酷。

——观念艺术家，索尔·勒维特（Sol LeWitt）

6岁时，我上小学一年级，第一次坐校车。不过我想走路上学，我喜欢走路。但是很明显，我妈不会同意让6岁的我独自步行6英里（约9.6千米）去上学。所以，我只好遵从我妈的命令去坐校车，排在其他带着孩子的父母的后面——等那辆黑黄的大车出现在破败的公寓前，把我们带到学校。

上学第一天，我穿了最好看的一条粉白色条纹T恤"连衣裙"（我说"连衣裙"，是因为回顾那时的照片就会发现，很明显实际上我穿着一件长T恤，我妈欺骗我说那是连衣裙）。照片里，我编着两条长长的棕色辫子，带着一副标志性眼镜：深棕色的椭圆镜片占据了我大半张脸，但是幸亏有了它才纠正了我的散光。我从4岁起就戴眼镜。虽然我的眼镜看起来一点都不酷，但是我觉得很酷；戴眼镜让我觉得自己更成熟、更聪明，看上去高深莫测，很独特，因为我的同龄人都不戴眼镜。另外，我妈总是告诉我戴着眼镜有多可爱。

校车喷着尾气停了下来，我抱了抱我妈说了声再见，车门突然打开了，一股强气流涌了过来，我上了车。因为没有太多时间挑座位，所以我随便找了个空座位坐下，邻座是一个看起来跟我差不多大的小女孩。当校车猛地向前启动时，她转身面对我，身体向前倾，直视着我。当时我心想，嗯，很欣赏她的自信，直到她对着我说出了"四眼睛！"无疑这句话对每个戴着眼镜的一年级学生都造成了不小的心理阴影。而且那周接下来上学的每一天，我一上校车，那个"小恶魔"就挤到我旁边的座位上，两只眼睛闪烁着恶魔般的光芒，对着我喊"四眼睛"。最后，我把这事告诉了我妈妈，当然不是打小报告，而是因为我想得到我妈的支持，能帮我想想机灵的解决方案。妈妈说："你告诉她，四只眼睛比两只眼睛厉害。"妈妈的这个想法真是太棒了——那个小混蛋数学很差劲，生活也不如意。

所以第二天我上车后，静静等待着"小暴君"的语言暴力，好趁机反击她。果然，那个"只有两只眼睛的讨厌鬼"悄悄地向我走了过来，说出了那三个字。只有这一次，我没有委屈地含着眼泪，而是自信地反击："四只眼睛比两只眼睛厉害！"（如果我当时知道"呵"这个词，我肯定会加上这个语气词！）你知道她怎么回答的吗？她说："不，才不是。"我并没有再反击。

最终我意识到，我的这位同学不过是一个只会欺负可爱的小女孩、取笑她打扮的数学渣。即使可爱的小女孩自己认为打扮得很酷，只要她认为小女孩怪里怪气或者很低级，那就会展开她的霸凌行为。6岁还是爱流鼻涕的年纪，她就自大地认为我是一个怪人，如果我想要

"酷"，我就必须抛弃玻璃可乐瓶底那么厚的眼镜并表现得像视力正常的人。

那个小女孩如今在哪儿？嗯，我不知道，但我可以告诉你，她肯定既不是瓦尔比·派克（Warby Parker）眼镜公司的创始人，也不是谷歌眼镜（Google Glass）的创始人！重点是，我们都遇到过很多像她一样的恶霸，伪装成老板、同事、敌人，甚至伪装成我们自己的内心独白，为了快速指出我们的缺点和不完美而羞辱我们，使我们失去原创性权利。这些暴君们迫切希望让我们蜷缩在温暖安全的茧中，让我们向他们屈服（毕竟，那里很舒适），但是事实是：只有当我们敢于拥抱我们的缺点并且勇于标新立异时，我们才能化茧成蝶。

几个月前的一个早上，我在咖啡店买卡布奇诺咖啡。咖啡师是一位身穿印有黑色粗体字"girl power"（女孩的力量）的亮黄色T恤的女生。几分钟后，这位和我一样热衷于探索女性力量的咖啡师向我走来，小心翼翼地把一杯卡布奇诺放在我面前。然后指着咖啡图案说道："很抱歉，我弄错了图案。"我低头去看咖啡，咖啡表面泡沫上并没有这家咖啡店的标志性叶子图案。我看到的是一堆泡沫状的乳白色斑点，其中有几个在我眼前化为了美丽的心形和星星状。真神奇，我从未见过。我问她："你为什么要道歉？"她低头羞怯地说："我搞砸了，所有这些点都不应该存在。"我让她放心，我很喜欢它。"这是我见过最独特的咖啡设计！"我强调。然而，她一直在道歉。**"接受你美丽的错误，"**我告诉她，"在千篇一律的世界，你的设计与众不同，很特别。"

说真的，在我喝过的数千杯卡布奇诺咖啡中，我只记得这位咖啡师的作品，对其他咖啡的拉花图案则毫无印象。我从她创作的图案中看到的不是缺陷，而是美丽。这就是你作为创造性入侵者所需的正确心态。

伊娃·海丝（Eva Hesse）是20世纪60年代前程似锦的艺术家，正是她扩大了素描、水彩画和雕刻的边界。当时她从纽约搬到了德国，离开了艺术社区和艺术家好友索尔·勒维特（Saul Levitt）。她在新工作室里开始尝试使用新材料把创作理念付诸实践，但她却对她的艺术作品感到失望：它看起来和别人的作品一点都不一样。她开始怀疑：这还算艺术作品吗？她还是艺术家吗？很快，她的自我怀疑变得十分强烈，导致她准备放弃创作。在写给挚友索尔的信中，伊娃描述了她的困境，而索尔回信鼓励她（以手写信件的形式）接受自己的不完美，继续她的创新之路。他告诉她："不要担心酷或不酷，创作你自己的不酷，创造你自己的世界。如果你恐惧，那就让它为你服务。"

我们应该学会拥抱与接受我们的与众不同之处，按照自己的独特方式行事，方法如下。

在门口说出你的与众不同

与众不同的表现可以是安静的、微妙的、周到的、富有同情心的；但它也可能是响亮的、吵闹的、具有破坏性的，或者兼而有之。它是站在舞台上表演时的真情实意，是在幕后工作时确保设备运行正常的尽心尽责。

所以，停止为你的缺点道歉，而要学会发现缺点之中与众不同的美丽。下次犯错误时——比如在你的绩效评估表上乱涂乱画，接听工作电话时用"嗨，我是性感女郎"打招呼（而忘记把你的手机号码交给你最重要的客户），或者误解了新的星期五着装规范，穿了露脐上衣而不是七分裤——你不用泄气地说"我很抱歉"，而是试着说："我就是这么独特！"你不用站在办公室门前再三确认有没有不符合规定的地方，只需在门口说出你的与众不同。

拥抱内心的童年小暴君

让我们面对现实吧，我们的内心都住着一个"两只眼睛的讨厌鬼"，一直渴望融入，固执地认为改变是不对的，违规就会挨揍。现在，是时候对那个多年来一直竭力阻止我们标新立异的"小恶魔"表现出一点同情了。尽管她来源于我们内心的恐惧和愤怒，总是对我们说着让人恼怒的话："如果你不遵守规则，就会被解雇。"但是她可能不止一次地挽救了我们的工作、生活和梦想。所以，拥抱内心的童年"小暴君"，再抱得紧点！

大声说出我是完美的

闭上你的眼睛，想象你所有的缺点——那些让你异常笨拙的不完美之处——现在，这些奇怪的缺点都从你身上消失了。反穿着衬衫去上班（去约会），对布偶狂热痴迷，对着一大盘炸薯条流口水，这些缺点都消失了。你懊恼自己流口水；你也懊恼自己喜欢对他人评头论足；看到一只虫子，你会无法控制自己，本能地尖叫；看到刚出生的小狗的照片，你眼里就噙满了泪水；你酷爱垃圾食品，对各大快餐店了如指掌。你还有什么缺点吗？完美就是抹去这些缺点。试着大声说："我是完美的！"

尝试做差一点的工作

我们越是原地踏步试图遵守常规，我们就越难发现我们的创造力。在勒维特写给海丝的信中，勒维特也鼓励她做差一点的作品——"你能想到的最差作品"。因为他想告诉她，完美会扼杀创造力。"你必须尝试变得愚蠢，装聋作哑，不假思索，彻底放空。"

所以今天，试着丢掉好好工作的想法，放手让别人去做，或者按照别人的方法工作。"最重要的是放松，"勒维特说，"让一切都见鬼去吧。"

有什么工作是你以前从未尝试过的吗？没有天分也不擅长的工作？你可能会做得很糟糕的工作？就它，就做这件事！看，如果结果很糟糕，也没什么大不了。你不用把糟糕的工作结果上交给你的老板或客户。

这种开辟思维和表达的新渠道有助于你优化向别人展示的最终成果。

我的朋友可可·布朗（Coco Brown）是雅典娜联盟（Athena Alliance）的CEO，致力于帮助女性成为董事会成员。她曾对我说："符合常规顶多是完善已经存在的东西。如果你想要创新，你必须用不同方式去思考和行动，进行测试，并承担合理风险。每个做出伟大事业的人都是这样做的。"

CREATIVE
TRESPASSING

第五章 别再怀疑

当你改变你看待事物的方式时，你看到的东西也会发生变化。

——理论物理学家，马克斯·普朗克（Max Planck）

我走到舱门边，接着感觉脚下滑了一步。没有安全网，只有肾上腺素和蓝天。不，我没有从飞机上跳下来。（我在飞机上会呕吐，所以跳下来……算了吧！）但是42岁时我的确跳了，跳槽到一个全新的岗位。当我还没入职时，朋友和家人问我："你为什么要放弃一份非常好的工作，进入你一无所知的行业工作？""你疯了吗？""你在做什么？！"我的回答是："我不知道！不知道！救命！"

幸好，我的降落伞打开了，地心引力让我成功降落在坚实的地面上。

我就是这样进入科技行业的。但跳下来并不可怕，实际上，这很有趣。真正让我害怕的是着陆部分。

跳入未知领域是戏剧的基本概念之一，它被称为终止怀疑

（suspension of disbelief）。诗人、哲学家塞缪尔·泰勒·柯勒律治（Samuel Taylor Coleridge）在19世纪早期提出了这个术语，指当我们聚集在一个像剧院这样富有创造性的空间时，我们便一致抛弃了我们原先所知道的一切真理；停止所有的假设和看法，并将信仰的诗意融入一个未知的世界的行为。

就我而言，跳入未知领域始于前面提到的新潮公司Axosoft的一通意外电话："我们想跟你谈谈软件。"起初，我认为他们一定是弄错了号码，或者实际上是电话推销员，但是由于我对软件知之甚少，甚至电话推销员都不会跟我谈软件。我说对软件一无所知，真的是一窍不通。我没开玩笑。在我的职业生涯中，我认为Linux（操作系统）是花生漫画中的一个角色，数字白板是一种酷刑，说到AI我能想到的就是一个英国人在酒吧喝啤酒时说："唉（Ay）！我（I）还要一品脱啤酒！"

无论如何，我为人热情好奇，所以答应跟他们谈一谈。我知道Axosoft是一家很酷的公司，因为一年前我在这家公司做过关于如何在工作场所注入创造力的演讲。演讲前当我参观公司时，我看到了奇迹，我从未在其他公司见过这样的奇迹：零食多得要满出来的橱柜，健身房（可能是为了和零食相匹配），开放的人体工学工作站，以及正在玩电子游戏的员工——在工作日玩电子游戏！还有无限供应的燕麦棒，色彩缤纷、有趣好玩的工作空间，Axosoft公司仿佛是成人夏令营。另外，所有员工（在谈话期间坐在豆袋椅上，穿着很休闲）全神贯注，提的问题都很有价值。Axosoft的首席执行官洛丹·休吉（Lawdan Shojaee）身材娇小，精明强干，她在前门迎接我，接着把我带到一个"多用途房间"（新潮公司就是这样称呼会议室的）。她一边看我，一边瞄着手机短信疯狂打字，她说："我们真的很喜欢你身上的那股能量，这就是我们邀请你加入我们的原因！""我真的很喜欢你身上的能量，"我回答道，"它吸引着我来这里。""但我们不打算给你提供工作。"她告诉我。我一边好奇那我在这里到底做什么，一边回答她："我不需要工作。"

这时她的视线离开手机，抬起头说："但是我们一直想要一位品牌传道者（品牌宣传师）。你会是一位成功的品牌传道者。"我消化了下这些信息。接着转过身对她说："我妈妈是犹太人，我去传道会让她崩溃的。但是，我想和你一起传道！"

我很快就明白了一个让我沮丧的事实，技术界的传道者和宗教狂热者无关。技术传道者要坚信公司产品并向世界宣传产品的力量，吸引新客户为伟大的软件产品所带来的喜悦和超凡买单。所以技术传道者和福音传道者截然不同，除了一点——二者都是传道者。

我们决定相信彼此。我们想要看看，如果我们不熟悉行业的产品和流程，完全是局外人，是不是也能在行业里有所成就。

事实证明，洛丹就像我一样是公司之中的局外人。她最近刚从她丈夫手里接过公司CEO这个职位，此外，她还是一名拥有物理治疗博士学位，训练有素的飞行员，她似乎也不太适合CEO的职位。

所以，虽然那天她并不打算直接给我一份工作，但是她其实是为我着想。她也是局外人，所以她明白，在进入公司之前，少一点先入为主的想法，多一点局外人视角对我的发展有益。洛丹有一个惊人的优秀品质（我后来学会了），她会暗暗相信并追随她的直觉——她称之为她的"第二脑"。

我就这样坐到了一张桌子（更像是带有三个大监视器的开放式桌子，把我的"办公室"和旁边的办公室隔开）后面，努力学习尽可能多的软件知识。"所以,"我问洛丹,"我们超级酷的软件到底是什么?是一个应用程序吗?电子邮件系统?还是一个类似Word的文字处理平台?"她说:"对于软件开发人员而言,这是一个敏捷项目的管理软件。你知道的,就是SaaS(Software as a Service,软件即服务),B2B(企业对企业的电子商务模式)。"

不,我不知道。就好像我本来坐在游戏竞赛节目的观众席上看比赛,因为竞赛选手退出了比赛,所以他们拉着我上台,把我扔到舞台上,用聚光灯照着我的脸。

显然,我必须恶补功课,所以在接下来的两个月里,我参加了一个关于公司软件和软件开发方法论的速成课程。我发现,Axosoft的开发人员使用了一种名为敏捷开发的方法论,它由协作(输入不同部门的见解)、反馈(让人们测试软件并提出建议)、迭代(基于反馈调整软件)和发布(提供给目标受众)组成。我的天啊!我想着。这几乎和我们创作戏剧的流程是一样的!协作(剧作家、演员、布景设计师和诠释剧本意义的其他人员)、反馈(利用排练和表演来衡量观众的反应:他们是否听到笑话就发笑,是否落泪,有没有中途起身离开等)、迭代(基于反馈的剧本新草稿),最后表演戏剧(开幕之夜!)。

由于软件开发的过程几乎和创作戏剧一样,这个陌生行业带给我的冲击力并不那么大。三个月后,我真正进入了工作状态,就在这时,我又从舒适区跳了出来。因为洛丹找到我和我的同事萨拉·布里丁(Sara Breeding)并告诉我们,Axosoft在技术会议上赞助了一名伟大的女性。她想以特别的方式出场,所以想让萨拉和我"想点好创意"。

于是,我和萨拉开始集思广益,想到了……什么也没想到。接着还是没想出什么。这时,我决定去散步,希望它能给我灵感。我一边走，一边想着手头的任务，思索着技术领域的女性，其他众多领域的女性，以及女性不受关注、不被倾听，或女英雄不被赞美的频率有多高。

我思考着自己作为局外人在技术界的经历，思考着戏剧和敏捷方法论之间意想不到的相似之处。我想知道：要是我们能够采取戏剧中停止怀疑的原则并将其运用到技术领域的女性身上，会怎么样呢？要是我们能够放弃现实世界的所有假设和不成文规定，实现男女同工同酬，会怎么样呢？如果女性占据50％高管职位，会怎么样呢？要是一所学校里参加编码课程的12岁孩子中有一半是女孩子，会怎么样呢？要是其中一个女孩因为从编程女老师的身上看到了自己的梦想，所以才选择了编程，会怎么样呢？同时她也从坐在她旁边的女孩身上看到了自己的梦想。在她看来，她看到的是一个超级女英雄。

接着我的脑海中出现了一幅图像——女洗手间的标志。你绝对认识这个头顶是圆圈、下半身是三角裙的标志，世界各地的洗手间门上都挂着它。无论什么文化、何种性别，人们都能马上认出这个标志，而且我的"第二脑"——我的直觉告诉我，它就是我们一直在寻找的创造性突破口。

我回到了办公室，和萨拉分享了我隐约闪现的想法。我们两个人开始喋喋不休地讨论，希望能想出一个"好创意"。接着好像有什么话卡在了喉咙里，想说又说不出来。三角形的标志像连衣裙，但是也像……披风！我想得越多，我就越相信那个三角形实际上就代表着披风。还没来得及考虑这听起来多奇怪，我就迫不及待地向萨拉热情宣布："我觉得这个标志像披风！"萨拉和蔼地点点头，好像在回应年迈父母的老生常谈："你知不知道我那时候，虽点着头，心里却没当真。"

　　我跑到电脑前，打印了这个随处可见的女卫生间标志，并用铅笔画了几行，表明标志上的三角形实际代表着披风。然后我拿给萨拉看，她才兴奋地说："原来它一直都不是连衣裙！"

　　只有我们停止怀疑，反思我们先入为主的假设，我们才能从新角度诠释门上的标志：我们无数次毫不在意地经过这个标志，直到我们对它的认识陷入死胡同时才意识到，这个标志原来一直都是超级英雄的形象！我们以前一直误解了它。

　　我们把这个想法告诉了老板，她和团队分享了这个创意，而同事们的看法见仁见智，有人认为"这是最糟糕的想法"，有人觉得"这太棒了"，还有人的看法介于两者之间。最终洛丹批准了这个创意，于是我们迅速征集了图片设计师，努力把"#这从来不是条连衣裙"（#ItWasNeverADress）的创意转变为现实。

　　2015年4月，我们在亚利桑那州凤凰城（Arizona，Phoenix）举行的女性技术催化大会（Girls in Tech Catalyst Conference）上推出了"#这从来不是条连衣裙"（#ItWasNeverADress）的活动。这次活动听起来场面很大，很高档，但实际上，我们只设立了一个发放超级英雄贴纸的小摊位。另外，我在现场发表了演讲，说明了该活动的目的是改变对技术领域的女性以及其他领域的女性的看法和假设。

　　这时，转机来了。出席大会的某个人在推特和脸书上发布了贴纸照片，并写道："不能视而不见。"24小时内，有了1800万次浏览量，数百万人点赞、转发、分享并支持我们传递的信息。3天之内，几乎所有世界各大媒体都对此进行了报道：美国有线电视新闻网、《时代周刊》、《哈芬登邮报》、《印度时报》、全球之声、熊猫无聊艺术博客网站（www.boredpanda.com）、雅虎新西兰(nz.yahoo.com)、《纽约时报》等。

短短几周里，各类公司纷纷使用这张经过重新诠释的图片给他们的产品做宣传。而作为该图片的创作者，我们并没想着请律师起诉或者阻止这些人继续借鉴我们的创意，而是欢迎大家使用我们的创意。毕竟，作为一家小型软件公司，Axosoft经营的是销售协作工具的生意，此次公司的目的是开启对话，而不是掌握对话中的主导权或者从中获利。因此我们并不在意我们的心血之作被用来宣传女性保洁品或山寨T恤，相反地，我们为大众设立了#这从来不是条连衣裙（#ItWasNeverA Dress）网站，一个集故事分享、免费海报下载、女性洗手间标志定制化下载等功能于一身的平台。

这一切都是为了鼓励人们发挥创造力，超越我们的披风创意。大家的确做到了并在网上进行了分享，很快，互联网上出现了各种解读，穿着法官袍、穿着实验服、戴着帽子、穿着长袍等各式各样的女士标志陆续出现。之后，我们与亚利桑那州立大学合作，为跨学科的学生设立了STEAM助需金，以鼓励跨学科思维和创造力的培养。

我们在Axosoft提出的创意激起了全球范围内的激烈讨论，并且讨论至今仍在继续。人们在网站上分享"拒绝沉默"的个人故事。男性也从该活动中看到了自己的团队缺乏性别多样性、创新受阻的一面，并因此决定在未来雇用更多女性。许多名人也在网上分享了女洗手间标志的图片，包括加拿大歌手阿兰妮斯·莫利塞特（Alanis Morissette），美国演员奥卓·阿杜巴（Uzo Aduba），小说家、新闻记者伊丽莎白·吉尔伯特（Elizabeth Gilbert），以及两代《神奇女侠》（*Wonder Woman*）的扮演者琳达·卡特（Lynda Carter）和盖尔·加朵（Gal Gadot）。

我们的创意所传递的理念帮助数百万名女性抛掉了先入为主的观念，并开始发现在她们周围，甚至是她们当中的超级英雄。我说的并不是强大得可以屠龙、跑得比火车还快、一跃就能跃过多幢建筑物的超级英雄，也不是电影或漫画里从天而降、扭转局面的人物。我说的是日常生活中的超级英雄，毕竟，超级意味着超越，英雄意味着勇敢地行动，所以成为日常生活里的超级英雄，就意味着知道我们每个人都拥有超越自我的能力：每天都能大胆地扩展可能的极限。

这是停止怀疑的力量，也是点燃创意火花的力量。

如果我能从一架"飞机"上跳下来，并安全着陆，那么任何人都可以跳出原本行业，进入新领域——包括你。以下练习有助于让你不再怀疑，更有信心地进入新的领域并发现周围世界的创造可能性。

找到你内在的"T"

T形技能在敏捷软件开发等行业中举足轻重，因为T形技能促使我们以更大的创造力和热情投身于更广泛的合作。T形技能指的是，我们所掌握一到两个领域的深度知识（"T"的竖条）以及跨学科合作所需的更广泛技能（"T"的横条）。如果我们开展合作时，能兼顾深度和广度，那么我们的创造力就会呈指数增长。

要想找到你内在的"T"，可以从解决一个每个人都想解决的工作问题开始。确定你有深厚知识储备的领域，邀请各有所长的同事参与讨论。大家都停止怀疑，集思广益，列出最难以置信、最离奇怪诞的解决方案。

比如，如果我们举办一档颇具竞争力的游戏节目，并邀请我们的竞争对手在现场观众面前同我们进行行业相关活动的对决，由我们的客户担任评委，会怎么样呢？如果我们联系到了不满意的客户，并为其提供了稀奇古怪却令人难忘的服务，会怎么样呢？如果我们在新场合寻找新人才，会怎么样呢？如果我们在外太空发起品牌活动，会怎么样呢？如果……

记住，你必须相信一切皆有可能，并停止怀疑。当具有不同技能、专业知识和背景的人聚集在一起时，更容易带来无限可能。当解决问题的方案更加多样化时，不太可能只有一个"真理"或者一套统一的规则，也很少存在先入之见和假设，更有可能出现难以置信、古怪、创新的解决方案并能真正解决重大问题。所以，让我们再问问自己"如果……会怎么样呢"：如果你从今天开始寻找你自己的"T"，会怎么样呢？

把限制抛在脑后

鼓起了勇气，放手一搏，途中却隐隐约约听到有人大吼："你觉得你现在做的都是什么事？你疯了吗？"或者，更糟糕的是，你对自己大喊："我太差劲了！我没有资格，没有技能，甚至没有创意！哪怕仅仅一个鼓舞人心的想法，我都想不出来！我无能为力。我就是这样没用的人！"

我们的脑海里都曾经上演过这样的内心独白。但每一次我们这样做，只会强化自我挫败的信念，让自己更难以摆脱这样的信念。

限制信念是创造力的头号杀手，它静悄悄地扼杀着创造力，比蟑螂更可怕，比穿着肩带松弛的内衣在成千上万的观众面前发表演讲还恐怖，比在星期六玩得正high时遇到了老板还惊悚。如果我们坚信事物的发展是既定的，不会改变，我们就无法从这种信念中逃脱。

但是，如果我们相信理论和限制会变化，世界就充满了各种可能性。

停止怀疑是一项技能。就像任何其他技能一样，这项技能也需要反复练习才能做好。以下是一个小练习：

高效反叛法

1. 今天上班时，找一个你每天都会路过但是不知怎么却未注意到的物品或标志。

2. 理解。在其对应的环境中理解这个物品或标志的含义，并用脱离环境的角度再度思考它的内涵。

3. 颠覆。用一种完全翻转的新的方式重新理解这个物品或标志。

4. 记住，我们只受限于理解方式，而不受制于我们所见的事物。

反抗重力

对于那些不了解伊丽莎白·斯特雷布（Elizabeth Streb）的人来说，她是一个舞者、编舞家、麦克阿瑟"天才奖"（MacArthur "Genius" Fellowship）获得者，也是一位将舞蹈、体操、马戏团和极限运动融合在一起的Pop Action[1]的创作者。斯特雷布说："任何过于安全的事情都不能称为行动。探索舞蹈的边缘，看一看，试一试，甘愿受伤，只要不妨碍回到跳舞的舞台就行——这才是真正的行动。"斯特雷布并没有把编舞者当作传统职业，她的使命在于通过编舞训练，挑战物理学的

---

[1] 这个单词是这位舞者自创的，暂时找不到准确的中文名。

极限，并探索这个古老问题：我们可以向上摔吗？

直到我参加了为期一天的斯特雷布强化舞蹈课，我才知道斯特雷布一直以来的探索。一切要从朋友的邀请说起："嘿，有个向公众开放的自由运动课，想去吗？"

而实际上，那是针对专业舞者的大师班，并不是为对舞蹈好奇，却笨手笨脚，动不动就酸痛的普通人准备的。但是当我意识到这一点的时候，我还在全身笔直地趴着，只用腹部支撑着整个身体，和20个专业舞者一起，试着弄明白斯特雷布说的"跳起来"究竟是什么动作。

我很快就发现，精力充沛的同学们能够像刚过完寒冬、闪闪发光的鱼一样跳出海面，跃入空中，领略阳光，而我即使用尽全力也只能把一只胳膊从垫子上抬起来，看起来像一只翅膀断裂的鸡，而不是银光闪闪地在空中舞蹈的鱼。而这只是热身。直到课程快结束时，我都没有挣脱引力。但我坚信我能做到，一直反复尝试。

我把自己逼到了边缘，看了看，试了试，"哎唷，真疼啊"，但是我选择继续努力。不知怎么，最后我成功了。

最终，我突然意识到，这种痛苦运动实际上是变相的创造性入侵行为。我后来才明白，挣脱引力是斯特雷布长期以来质疑世间假设的方式，是一种推翻体系的方法，是融合不同技能，找到新方式的途径。事实证明，数学、引力和编舞相互碰撞时，向上摔可以实现！

你也可以用自己的方式挣脱引力，不一定要用身体抵抗它。任何人都可以培养好奇心，克服限制，突破体系，融合个人技能，学会挣脱引力，飞向天空。你会质疑世间的什么假设呢？

　　即兴创作效应（The Improve Effect）这家公司利用即兴创作提高人们倾听、合作以及解决问题的能力。我的好友杰西·谢顿什斯（Jessie Shternshus）是该公司创始人。她认为，即兴创作——使你在没有任何预设规则或指示的情况下创造人物、情境和故事——有助于养成在上班前发挥想象，设想众多可能性的习惯，以便人们在工作中发现新观点和新可能性。以下是杰西跟我分享的高效反叛法。

高效反叛法

1. 想想你经常去的地方：家、火车站、办公室。

2. 写下你通常能在那里找到的所有东西。例如，办公室的办公桌、订书机、电脑、椅子、白板、回形针、难喝的咖啡等。

3. 划掉一项东西，比如办公桌，并问自己：如果办公室没有办公桌怎么办？办公室仍然能正常运转吗？有什么东西可以取而代之？

4. 再划掉一项东西，直到你能想象出全新的办公室。

5. 下次遇到棘手问题时，尝试使用这种方法来消除假设，想出更多样的解决方案。

CREATIVE TRESPASSING

第六章 逃学（班）

一个人探索世界的广度使得创新成为可能。

——戏剧导演，安妮·博加特（Anne Bogart）

你在儿时或者少年时有没有逃学过？来来，告诉我，没关系，站在你面前的是一位逃学能手！还记得当时既兴奋又害怕，一心一意想着干脆逃学的心情吗？你被揍了一顿，被叫到了校长办公室，问你为什么逃学，你发挥想象力却找了几乎没人信的借口：我不知道，我妈妈说很紧急，我的一个亲戚遭遇船只事故……我知道我们这里是内陆地区，正因为我们这里没有这样的事情所以听起来才可怕！还有一招对付年纪较大的老师很管用（对男教师和校长特别有效）：我来月经了。对我来说，逃学是成为创造性入侵者的终极训练场。

还记得你的冒险经历吗？蜷缩在麦当劳后面和你最好的朋友一起吃薯条，比较两个人的性知识（在你真正有性经验之前）；学校附近有座被木板围起来、令人毛骨悚然的老房子，你们常常谈论关于这座房子的传说；偷偷溜进任何没有保安的建筑物，上上下下反复坐电梯；虽然你们只有13岁，但溜进了电影院观看了R级电影；你们边走边聊，聊得十分投入，在陌生的街区漫步了数英里，差点没赶上家里吃晚饭的时间……有没有做了至少一件你不应该做的事情？

你记得学到了什么吗？很多生活技能学校都没有教你，比如没有教你如何吸烟，如何骗权威人物，如何从真正想要阅读的书籍中获得灵感。你还记得那种感觉吗，充满活力、好奇心、真正活着的感觉？从现在开始，我们要开始找回那种感觉。

没错，我想说的是适当放弃工作。但是我并不希望你失去工作，所以工作时间好好工作，重点是好好利用你的午休时间、病假、休假、心理健康日（我认为所有公司都应设置"逃班日"）。午休时，当其他人都趴在桌子上吃着沙拉或坐在一张小小的自助餐桌旁，边吃着微波炉加热的通心粉和奶酪，边礼貌交谈时，你和一位同事却逃走了！去图书馆或博物馆，走过一个新的公园或社区，学习如何呼吸隔间外的新鲜空气。今天你要从外界学到一些东西并将其融入你的工作。抛弃你的手机、平板电脑、智能手表。今天你要断开连接，重新找回你不羁的叛逆，还有少年时的感觉。

嘿，我自己一直这样做，否则我不会鼓励你这样做。作为不良青少年，我可以证明，适当放弃工作可以让你在无意之中发现许多新鲜面孔、新观点和新的可能性，这些都是你在被四面墙包围的办公室里永远遇不到的。通过这种方式，我遇到了伟大的音乐家、小说家和创作者——我通常冒充咖啡师——并与他们展开了合作；通过在公园散步和与人聊天，开展了营销活动；在公共图书馆里、人行道上、停车场中发现了隐藏的重要创意。

在工作日里能够外出和闲逛是如此自由，几乎让人觉得很有颠覆性，心里好像觉得迟早会被旷工检查员抓到，问你为什么不工作，然后督促你去工作。但实际上，最有可能抓你回去上班的只有你自己。想一想：真的有人在工作时说过，你不能在休息期间离开办公室，探索周围世界，不能请假去博物馆或电影院，不能好好享受即将到来的休假时间，即使只是坐在家里观看所有你从未看过的经典电影或看书？

哦，当然，总会有些人一开始不赞成，甚至批评你要在工作日期间休息（尽管大量的研究表明，懂得休息的员工更有效率和创造力，并且长期来看好处更多）。曾经有个老板，在我每次要休息时，都会羞辱我："哦，再去吃次午饭，是吗？"在那份工作中，没有人离开大楼吃午饭。从来没有。这令人厌恶。

当然，这让我更加坚定在午休期间离开办公室，呼吸新鲜空气，获得新视角。有时我去喝咖啡或随便吃点东西；其他时候，我只是漫无目的地走，思考我遇到的问题或者在心里酝酿项目。一开始，我担心老板会认为我很懒，或者觉得我毫不在意我的工作。后来我意识到：他实际上很嫉妒！显然，周围其他人也是如此，因为很快就有同事悄悄走到我身边，低声问道："午餐期间你去哪儿了？"我告诉了他们并邀请他们随时加入。很快，有一两个人加入了，再是几个人，过了一会儿，很多人都要离开办公室吃午饭——他们自发的行为！

午休期间的短暂离开就足以激发我们的想象力，激发我们的灵感并直接将其融入我们的工作。即使我们只是在走路，呼吸新鲜空气，心里随便想想主意，那也感觉像逃学一样，好像我们不必等到周六，就能玩，就能探索，就能让创意源泉涌流！

走到外面看看，毫无目的的徘徊能有效激发创意，解决你的问题。一旦你这样做，你就能拥有比想象中更多的自由和激情，点燃创新之火。

出去兜兜风

伊丽莎白·卡特勒（Elizabeth Cutler），SoulCycle的创始人之一兼创造性侵入者，是彻底的抛弃教条主义者！这不仅没有损害她的职业生涯，还让她大获成功。她抛弃了典型的健身模式——因为她说"那样的健身让人感觉像是工作"——而是创造了一种"感觉更人性化和自由，有效的同时又有趣"的健身模式。所以，她与创始人朱莉·赖斯联手，一起将灵感转化为一个金字招牌。

正如你想象的那样，创立（和经营）打破健身界传统的公司可能需要在桌前苦思冥想无数个小时。所以，伊丽莎白也抛弃了她的办公桌！她每周设置一个创造日；那一整天，她都会远离办公桌，把经营公司的工作放在一边，而去做与工作没有直接关系的事情。正如她描述的："我离开办公桌，在外面接听电话。步行探索不同的街区，漫步街头，重新找到具有创造性的自我。"

高效反叛法

1. 每周抽出一天、一小时甚至 10 分钟作为你的创造性时间。

2. 离开办公桌。

3. 闲逛，随便走走。

4. 重新找到具有创造性的自我。

断开连接，发现新想法

最近我和艺术家（艺术教授）安吉拉·埃尔斯沃思（Angela Ellsworth）进行了交谈，其间她大方地分享了她在第一节艺术课上给学生布置的练习。

预先警告：这项练习成功地让最冷静的艺术学生像任性的幼儿般嘀嘀咕咕，像被惹毛了的青少年般抱怨，而且，有时候还让他们经历完全歇斯底里的崩溃。这项练习十分有效。

第一节课上，埃尔斯沃思要求所有学生暂时上交他们的设备——所有平板电脑、智能手机都要放在教室中间的大圆桌上。钱包、背包和斜挎包也一并放上去。

她要求学生把财物留在教室，走出教室——走出校园，在小镇四处走走，逛逛令人流连的地方——走90分钟。他们必须独自行动，不可结伴同行，只可以带一瓶水。一说完要求，果然，学生彻底恐慌了。每个学期的第一节课上，学生们出于恐慌，都会在行动前提出许多问题。

"我们怎么才能知道具体时间?"埃尔斯沃思回答:"问别人。"

"我要是迷路了怎么办?"埃尔斯沃思回答:"注意你周围的环境。"

"我们要是出去不带手机,受伤了怎么办?被车撞了?晕倒了?别人怎么知道我们怎么样了?"针对这种情况,埃尔斯沃思会回答:"人人有手机也就是最近的事情,以前没手机但是我们还是好好活到了现在。"

有一年,一名学生接受不了这样的练习,认为整个任务"很危险,可能会造成麻烦!"

但是埃尔斯沃思坚持让学生外出:衣冠整齐,不带任何电子设备。不知怎么,每个学期所有学生都能按时回到教室,毫发无损,而且他们被彻底改变了。

返回教室后学生们展开讨论,分享活动经验。年复一年,他们讲述了在没有固定目的地的情况下单纯徘徊如何开放他们的思维。有一次,一个学生谈到了停车场建筑,他以前认为那只是令人讨厌的障碍物,为此他不得不绕道上课,但那天他发现如果爬到该建筑顶部,就会看到整个城市令人惊叹的景色。另一位学生谈到那次活动正值夏末,烈日炎炎,她想找个阴凉处,于是她在每天走过的地方发现了一棵树,但她以前从未注意过。虽然没有移动设备,但是他们并不感到焦虑,大多数学生感到很轻松。一名学生说:"这是我从小到大最自由的时刻。"

学生在参与活动之前认为,老师的目的是折磨他们,但是事实并非如此。埃尔斯沃思想通过这种方式迫使他们去探索,以全新的方式看待每天都能看到的地方，不受短信、交谈或急于到达某个地方的心情的影响，一个人观察体会。这是一个好机会，让人于熟悉的平凡之处发现不平凡的力量。

我们把大部分生命用在从一个地方努力走到另一个地方，却错失了中间的空间，错失了使我们走到当下这一步的过程，错失了寻找树荫的经历，错失了爬到建筑物顶部、瞭望地平线的机会。只有当我们放下设备，放弃繁忙的日程安排，放弃对目标、对目的地的欲望，我们才能从周围的世界中发现新事物，发现美。

放下工作，出去散步

人们总是问我："你有没有经历过创造瓶颈？"我总是回答："没有。"当然，我在尝试提出创造性的想法（我一直都在为此尝试）时会遇到困难，但每当我遭遇瓶颈时，我都会采取一个近乎万无一失的策略：放下手头在做的任何事情，出去散步。散步使我远离计算机，从而和周围的世界重新建立联系；不存在什么自动纠错步骤，因为每一步都是正确的。散步让我感到彻底的自由，让我觉得实实在在地活着。散步使我意识到，我们与建筑、自然、声音和其他生物共存，走的每一步都充满生机。每当我发现自己被工作束缚，被某种心态或模式束缚时，我就会站起来，穿上徒步鞋，出去走走，即使仅仅10分钟的户外散步也能启发我从新的角度看待事物。

原来并不是我一个人这样做。我们都知道现在广受欢迎的步行会议，史蒂夫·乔布斯（Steve Jobs）过去就常常采用这种边走路边开会的方式激发创造性思维。事实证明，几分钟的漫步就足以让人心旷神怡。斯坦福大学的研究人员研究了走路对创造力的影响，结果发现走路可以使一个人的创造力提高60%。

所以，当你已经尝试过所有可能的解决方案却仍然无法解决问题时，放下工作去散步！即使只是10分钟、15分钟、20分钟，即使你当时并没有找到解决办法，散步也会在一定程度上帮助你打开思维，提高领悟能力，让你摆脱一成不变的工作。散步结束后返回办公室，开始你的创造性工作。

CREATIVE
TRESPASSING

第七章 按常规思考

永远不要被他人有限的想象力限制。

——宇航员、舞蹈家，梅·杰米森博士（Dr. Mae Jemison）

　　成为大公司员工的第一天，我穿着精美的复古T恤和橙色运动外套，脚上是一双蓝色运动鞋，还戴着一副黑色方框的巴迪·霍利（Buddy Holly）款眼镜去上班；如果我是一个微核说唱乐队的主唱，我这身打扮绝对令人震撼。但不幸的是，聘用我的是斯科茨代尔当代艺术博物馆（Scottsdale Museum of Contemporary Art），而非奈达帕罗萨微核说唱音乐节（Nerdapalooza）。

　　有必要先说明，我是不可能在艺术博物馆工作的——尽管我要是真在那儿工作，很可能会被赶出来。事实是：我从未学过艺术或艺术史，艺术工作经验为零，并且博物馆及其工作人员都曾经给我一种一板一眼、循规蹈矩的古板印象。更不用说，我经常在当代艺术方面犯错。等等，我应该从事艺术工作？我不应该从事艺术工作？我怎么确定我所看到的是艺术品呢？如果博物馆的地上有张皱巴巴的糖果包装纸，那就只是垃圾，但要是一堆糖果堆在美术馆的角落里，那这堆糖果是艺术品吗？［注：堆在角落里的糖果是美国艺术家菲利克斯·冈萨雷斯·托雷斯（Felix Gonzalez-Torres）的著名作品，参观者可以触摸，甚至可以尝一尝。］

我当时的无知是情有可原的，因为我接触当代艺术的唯一机会就是母亲曾经常常带我们几个孩子去民间艺术节。但是，在民间艺术节上，一个产于20世纪80年代的曲奇陶罐，即使带着牛仔头像，即使软木塞正好像一顶戴在牛仔头上的斯泰森毡帽，那也无济于事，并不是博物馆中的"当代艺术"。

无论如何，事实证明，我获得这份工作的真正原因是，我对艺术世界的痴迷热爱。有一天，我出乎意料地接到了博物馆馆长蒂姆·罗杰斯（Tim Rodgers）的电话，他问我是否有兴趣改造博物馆，打破博物馆参观的所有常规，把博物馆内的传统画廊空间变成一种新的艺术表达论坛。蒂姆正在寻找一个能打破规则的局外人，期望这个人能打造令人惊叹的全新空间及新节目，吸引参观者，增加收入。而我也正在寻找新挑战。因此，尽管带着些许惶恐，我还是决定试一试。

就这样我来到了蒂姆的高级办公室，穿得像个卡通人物，端坐着等待打破常规的工作指示。蒂姆50多岁，光头，下颌轮廓分明，此刻正姿势完美地坐在玻璃方桌后面阅读《艺术论坛》杂志。"欢迎，"蒂姆一边说，一边环顾了整个白色办公室，"我们很高兴能邀请到您。"

"我也很高兴能来这里！"我笑着说道，想要遮掩我的紧张不安。

"很棒，"蒂姆说着，从桌子后面站起来，"让我给你介绍下我们的团队，带你去看看你的办公室。"

我没来得及鼓起勇气告诉他，这一切都是一个错误，我甚至都不会整理衣柜，更不用说改造美丽的大画廊（除非他们的审美水平属于民间艺术牛仔曲奇罐那一类）。因为他马上带着我去见了新同事。蒂姆介绍我时就像一个刚把女儿养大成人的骄傲父亲，我和新同事们都露出了一丝丝震惊的神情。

"这是塔尼亚·卡坦，我们需要她，因为她是一个（几乎没有抑制他恶作剧般的笑容）……反叛者！

"这是塔尼亚，她是我们的新成员，因为博物馆需要一些新能量，塔尼亚既写剧本也表演（现在真的吊足了同事的胃口）……大胆前卫的剧本！

"这是塔尼亚·卡坦，她将制订创新计划！她具有创造性思维！"

尴尬的见面问候结束后，蒂姆带着我到了我的"办公室"，那实际上是一个小隔间。一个非常小的隔间，可能只有2英尺（约0.6米）宽，顶多3英尺半（约1米）长。当我站在中间，打开手臂，就像一个稻草人那样，我几乎可以触及两面相对的墙壁。我很确定，正常情况下没有比这更小的办公室了。当我正在比较普通监狱和我的新办公室之间的大小时，我听到了令人毛骨悚然的尖叫声！"那发生了什么？"我问蒂姆。

"噢，冰淇淋蛋糕。工作人员正在庆祝生日。他们通常吃普通蛋糕，这次有冰淇淋蛋糕，所以大家都很兴奋。"他解释道，"欢迎来到这家博物馆。"他兴高采烈地说道，随即就往华丽的高级办公室走去。

我走出隔间，在走廊里来回走动，真想用抽烟打发时间，要是会抽就好了。我走回办公室又意识到做这份工作我很可能要发疯。我深吸一口气，打算待会在吃完中饭回来的路上，假装"迷路"，溜出去，散散心。不过，还有整整三小时才能吃中饭。在绝望的那一刻，我做了唯一会做的事情，也是任何一位优秀的古典戏剧从业者面临命运的种种捉弄和折磨时都会做的事情——独白。和《哈姆雷特》（Hamlet）里一样，独白就是当一个人身心崩溃时，一个人大声自言自语。

好吧，塔尼亚，看起来你有大麻烦！待在肮脏的小隔间，怎么想得出改造漂亮大博物馆的创新项目？而且讽刺的是，因为你"能跳脱框架思考问题"，所以才让你来这儿，而现在他希望你在一个小隔间里思考？而小隔间处于博物馆这个更大的框架中。哇，这个问题如此形而上。自问：你已经签了合同吗？自答：你就是我，所以你知道的，我们已经签了合同！另一个问题：蒂姆看起来难道不像《神秘博士》（Doctor Who）里的法师吗，除了头发少了点？天哪，他雇用你是为了控制你的思想，这就是他把你困在小隔间的原因！

在我独自表演的某一刻，我居然顿悟了。摆脱框架思考的关键也许在于，按常规思考。于是我四处寻找线索。终于，我注意到小隔间没有天花板。没有天花板意味着没有限制！

这两个惊人发现激励着我，让我顺利度过了原本难熬的午餐时间（以及之后的几年）：

1. 和蒂姆的设想恰好相反，戏剧教会我按常规思考，而非跳出框架思考。剧院对 box 钟情不已。剧院里有票房（box offices）、黑匣子剧场（black box theaters）……甚至还有包厢（box seat）。对 box 里里外外，我再清楚不过了！这听起来有点下流（box 有女性生殖器的意思）。但是别想污了。

2. 办公室里的想象力越贫乏——或者对于工作职称的想象力越

贫乏——我们的想象力就越重要。

3. 创造性入侵者的工作就是：偷偷把想象力融入四面都是墙的小隔间里——并且打破那些墙壁，为无界限的创造性想法腾出空间。

为了履行创造性入侵者的职责，我创建了我的第一个项目，"走出小隔间"在线系列视频。为此我聘请了一位摄像师。每周，我们两个人都会在某一天走出隔间，偷偷溜到其他人的办公室拍摄简洁的短视频，视频内容调侃、赞美博物馆兼而有之。我们的目标是通过该活动，在工作日期间与同事进行有趣的互动，同时让那些认为（我以前就是这样的想法）博物馆古板、不接地气的观众改变他们的想法，让他们体会到博物馆不仅有趣好玩，包容性很强，而且面向所有人开放。当然，有些同事看到我开心地跑来跑去拍视频就立即向老板和董事会告发我，原因是"她不工作，她只顾着玩"。说得好像工作和玩乐这两者不可兼得，是相互排斥的。无论如何，虽然我注意到有人不赞成我的做法，但我还是继续拍摄。

在第一集中，我决定以每月最佳员工为拍摄主题，从竞争相当激烈的竞选活动中推选出每月最佳员工。另一集中，我邀请了杰出的建筑师威尔·布鲁德（Will Bruder，曾经设计了整个博物馆）重新设计我那英尺 2×3.5 英尺（约 0.6 米 ×1 米）的狭窄隔间，并拍摄了"彻底的办公室改造"过程。

我们推出的博物馆宣传视频没有花费一分钱——没有华丽的广告，没有通过庞大的邮件列表发送营销信息（根本没用到邮件列表营销），也没有公关团队。我们采用了老套的宣传方式：在脸书上发布视频。接着我们拿起手机，把视频链接发给朋友和同事，期望并不大，原本估计只有少数人愿意打开链接。后来意想不到的事情发生了：我们的朋友不仅看了视频，还分享了视频。被分享的人也分享了视频，很快世界各地——加利福尼亚州、密苏里州、纽约、冰岛、墨西哥、英国、意大利——的游客涌入了博物馆，因为他们已经看过这些古怪视频，并为之所吸引，所以希望亲眼看看斯科茨代尔当代艺术博物馆。

视频的吸睛之处在于：这些视频向人们展示了博物馆及其工作人员们和任何其他职业人员一样愚蠢、笨拙、平凡而又非凡。我最初的目标是打破我的小隔间墙壁，融入创造力，但最终我们打破了整个博物馆的墙壁，吸引了全世界的游客！

作为创造性入侵者，你要记得：无论你的行业多么艰难，你的职位多么缺乏吸引力，或者你的隔间多么小，你都可以找到打破墙壁的方法，融入你的想象力。

我们引起了人们对博物馆的关注之后又迎来了下一个挑战，打造美丽的现实生活空间。但是，我从未真正创建或实行过任何改造空间的项目。虽然我曾经写过戏剧并在舞台上表演过，但我从未处理过灯光、票房、营销、服装或其他任何事情。我的职责仅限于写作，重写，记台词，还有按时到达剧院。所以，对我来说这完全是另一回事。

所以，我希望能从剧院发展历史中获得启发，更具体地说是黑匣子剧院。20世纪60年代，黑匣子剧院的出现颠覆了剧院模式，因为在黑匣子剧院里，戏剧动作的构造并不是在舞台戏剧里，也不会出现所有相同的椅子连成一排、朝向前方的情况，为了实现沉浸式的戏剧体验，黑匣子剧院跳出了传统的框架，改造了小型而且有时很糟糕的空间——如天花板很低，光线不足的店面，散落着的杂七杂八的折叠椅。如果我们想要模仿黑匣子剧院而非传统舞台，那么我们需要有具体想法，有观众还要有勇气、有决心才能成功完成任务！

　　勇气、决心我绝对不缺，但我不清楚什么样的表演可以吸引观众。毕竟，如果你在网上发布一个视频但是没有人观看，那它就像在森林里的一棵树，没有人注意也没太大关系，但当你邀请人们进入一个空的物理空间，而无人前来时……好吧，这样的失败也太明显了。所以，恐慌之中我决定再来一次独白。

　　好的，让我们从基础工作开始：打破博物馆规则。我们可以解决这个问题。白天在博物馆喝酒怎么样？这个项目应该很有趣！但是我们的目标要更高。所以让我们打破在艺术世界获得艺术的方式。如果你有钱，你可以获得艺术；如果你没有钱，就不能获得。这不公平。很多人热爱艺术但是没有钱支持艺术。如果有另一种获取艺术的方式会怎么样？在我们有钱之前，当我们还是孩子的时候，我们怎么做才能获得艺术品？当我们还是孩子时，我们的金钱就是速度、智力和体力，我们会在智力或者体力上超越我们的对手，赢得奖品。于是我想到了掰手腕。

　　因为我的年度预算很少，所以为了省钱，我在网上购买了一个"半职业掰手腕台"，并且把它随意地放在了毫无修饰的画廊的中间。接着，我为这个活动取了个简明扼要的名字和标语："为艺术而掰手腕——有时候为了赢得一件东西，你必须陷入悲惨绝望的境地。"我没有团队，因此我自行组建了一个团队，由视频摄影师、视听师、实习生、博物馆保安、前台工作人员、博物馆讲解员，以及一名为参赛者讲授相关技巧的掰手腕专业选手兼健身专家构成。同时，我也以研发的名义参加了一个购物中心的掰手腕比赛，我不是故意吹嘘，但是我获胜了，于是吃了几个肉桂卷，庆祝自己的胜利。虽然我的对手是一个瘦弱的少女，但她的力气可不小！

最后，我联系了一名知名艺术家，请求其制作一件艺术作品并将该作品作为最后的奖品，接着好不容易邀请了博物馆馆长在活动中发言，敲定了活动日期，并在心里祈祷参观者（除了我的直系亲属之外）会冲着原创当代艺术作品来参加掰手腕比赛。幸运的是，大方地同意为这次活动创作作品的艺术家正是艾瑞克·费舍尔（Eric Fischl），他是今天最受尊敬的美国画家之一。但是我还是不安。在博物馆掰手腕？博物馆还会赠送艺术品！董事会对此会有什么意见吗？我的确是为打破规则而来，但会不会有可能我做得太过了？

星期五晚上7点，斯科茨代尔当代艺术博物馆迎接了第一次掰手腕比赛。在这之前我一直走来走去。实际上，凌晨4点我就在这个时髦的混凝土博物馆里走来走去了，祈祷人们会来参加这个活动的。千万要来啊。

晚上7点03分，我的呼吸很急促，如果没有人出现，我不仅会受到指责还可能被辞退。晚上7点08分，有4个人兴奋地冲进去了。晚上7点10分，又来了几个。到了7点15分，一波又一波的人们涌入博物馆：健身爱好者，博物馆捐赠者，第一次约会的情侣，奶奶们，艺术家，当地企业家，董事会成员以及更多人涌入了原本空荡荡的场地，挤得满满当当。他们来了，聊天，掰手腕，玩得很开心。尤其令人满意的是，他们又回来了——带着他们的朋友参加博物馆今后的活动。

当你孤立无援时，总会有怀疑者和反对者试图让你一直做"应该"的事。但作为一个创造性入侵者，你可以摆脱那些让你陷入困境的束缚。你要相信，自己不仅能吸引观众还能让他们随时随地停止怀疑。无论你做什么工作或在哪里工作，你都可以摆脱条条框框，发挥自己的创意。以下是可尝试的想法。

打破墙壁，打破天花板，打破限制

10多年里，我一直在帮助人们把创造力融入工作，从中我也学到了非常重要的一点，即如何满足公司的期望，完成目标。当然，在工作中，撰写报告的时间总是不够，预算总是太少，工作成果常需要定量和定性分析，并且我们的团队会一直面临挑战。但我们也可以通过无数方法解决困难，完成报告，扩大预算，获得理想结果，并克服重重挑战。作为创造性入侵者，我们会主动组建团队，打破典型思维，找到获取评价标准的新途径，利用较少的资源做更多的事，向世界展示最终成果。

我的朋友兼导师丹·泰尔（Dan Tyre）是著名营销自动化公司HubSpot的创始人之一，成功创立了几家价值亿万美元的公司。他坚信"要给人们提供剧本集，而不是具体的剧本"。他会告诉团队他心目中的理想成果，但是并不会指导他们如何达成期望，而是给予空间和支持，让他们掌握主动权，提供条件帮助实现他们的创造性想法。

所以，如果你感到受束缚——无论是因为小隔间，因为大公司，还是因为自我限制的方向或思维模式——记住"生存还是毁灭"的困境是我们每一天都要做的选择。我们可能无法选择是否在小隔间或高级办公室工作，但我们可以选择是否被那些墙壁、公司等级以及狭隘的思维模式所束缚。所以，抬头看看，打破天花板！打破限制！

保持陌生感

我记得在大学里上过一门文化人类学课程。课上，教授让我们假装向刚刚降落在这个星球上的人描述我们的日常生活。例如：我们使用一种锋利的工具来破坏覆盖在手指上的坚硬外壳（剪指甲）。我们在钢和铝制成的舱内，以每小时80英里（约128.7千米）的速度，把我们的身体向其他身体的方向投掷（驾驶）。这项练习彻底改变了我对日常生活的看法，它可以既奇怪又精彩，令人惊叹。

打破心理框架的另一种方法是成为工作场所的文化人类学家。带着笔记本、铅笔和全新眼光进入工作"行业"。从客观、有同理心的局外人角度处理典型的日常工作，你如何向对你的工作文化一无所知的人描述解释你的日常工作？

我的朋友卡桑德拉·埃尔南德斯（Casandra Hernandez）是受过专门训练的人类学家，同时也是艺术组织美洲艺术纪念馆（Celebración Artística de las Américas）的执行董事。正如她曾说的，"人类学家的工作是让陌生的东西变熟悉，让熟悉的东西变得陌生。作为艺术家，我们的工作就是让自己保持陌生"。

恢复你的工作空间

如果你对你的办公室或隔间感到悲观失望，那就别等着它给予你启发，自己去创造充满灵感的工作空间吧！我认识一位营销总监，她在办公桌的一角放置了一个带黑板的糖果罐。为了激发对话，每个星期桌上都会有一罐新鲜的糖果和写在黑板上的一句新格言。如果你路过她的办公桌并和她对话交流，作为交换你会得到一句鼓舞人心的格言，还有一条迷你巧克力棒。

你可以用装饰纸包裹隔间或门的外部，提醒自己和他人创造力可以来自内部。或者制作小隔间大减价活动的标志，并将它们放在办公楼外，用箭头指引到你举行旧货甩卖活动的现场，邀请同事参与其中，让他们清理杂乱的办公室并捐赠所有堆积在工作区域的杂乱物品。然后用赚来的钱带大家去吃一顿美味的午餐或者捐赠出去。

你可以在隔间的裸露墙壁上贴墙纸，营造一种更温馨的感觉，或者在纸上列出你想改造隔间却不能实现的想法，并把纸贴在你的办公区域的外面。曾经，我同事在我生日的时候送了我一套可以装在小隔间的酒吧门——用旧纸箱做成，我感到很惊喜。真的，你可以做任何事情，只要你做的事情能引发联系，促进对话交流，就不会有被辞退的危险，同时又能帮助人们用新视角看待熟悉的东西。

我曾经偶然在小隔间里放置了黄铜支柱，支柱之间用红色天鹅绒绳索连接起来，就像剧院和夜总会用于限制人群的绳索（我在之前小隔间大减价活动中入手），以此装置提醒人们随时有可能发生震撼人心的事情。我甚至利用便利贴，加深了同事之间的了解和联结。在那时候，我的办公室只是一个小隔间，狭窄得让人受不了，而且还有一扇窗户正好面向大走廊，这意味着所有员工都必须走过这扇窗口才能到达各自的办公室。每天都是同一群人，都在同一个公司工作，我每天都看到他们，我和他们相处的时间比与大多数家庭成员相处的时间还要多，然而他们在这扇窗前来来往往，我却连他们的名字都不知道，我们对彼此一无所知。于是，我决定发起一场视觉对话。所以，我开始在窗户外边贴上便利贴，写着类似这样的问题：你是否感觉到人们从你身边经过？如果他们愿意停下来，你想告诉他们什么？

很快，公司各个部门、各个等级的人——包括CEO，人力资源主管和其他大佬——都留下了便利贴。便利贴上不仅仅有问题的答案，还有其他问题、诗歌和绘画！即使那些尚未准备好留下便利贴的人也停了下来，在窗前阅读一张张的便利贴。

这些小小的便利贴惊人地促进了同事之间的联系，他们经常聊天谈论打算贴在窗户上的下一个图片、诗或问题。同事给我发了电子邮件告诉我之前他们每天上班经过走廊时心里多么害怕，但现在很期待看到窗户上的新便利贴。这些便利贴改变了我们进入工作空间的方式，让我们有机会能在工作日交谈、合作并**从平凡之处找出非凡想法**。

高效反叛法

1. 拿起一张便利贴。

2. 写下能启发、支持你的同事或者与之建立联系的话。

3. 把它贴起来！

4. 邀请其他人做同样的事情。

把艺术融入不可能的空间

无论你是否觉得自己具有艺术天赋，是否沉浸于艺术之中——无论是绘画、摄影还是更前卫的东西——你都拥有强大的转变力量。无论你在哪里工作或从事什么工作，你都可以将艺术融入真实空间。

对于艺术家勒克·娄尔（Rick Lowe）来说，要想把艺术融入最不可能之处，就要从身边做起。1993年，住在休斯敦的娄尔和其他6位非洲裔美国艺术家合作者仔细研究了历史悠久的休斯敦第三社区（Houston's Third Ward Community），这个以非裔美国人为主的社区不仅房屋破旧不堪，人们生活贫困，而且犯罪率居高不下。这群艺术家们有一次到了那里，亲眼看见了社区的现状，于是认为是时候解决非裔美国人的集体性问题：艺术如何成为社会转型的引擎？答案是排屋项目。这个项目成功地把破旧的房屋改造成充满活力和艺术的社区中心，还创建了艺术家住所等其他项目。正如该项目网站上所说的，他们的目标是致力于为年轻单身母亲服务，为她们和孩子创造更美好的生活；为小企业服务，促使其事业更上一层楼；也为艺术家们服务，让他们有机会利用自己的才能去理解和丰富他人的生活。

把艺术融入不可能的空间——无论这些地方以前是保障性住房还是你的办公楼或隔间——就能改变这些地方。同时，你也可以从中获得新角度，设想更广泛的未来，开拓自己的视野并激励自己以新颖和出人意料的方式运用创造力——在这些过程中，你也许会丰富他人的生活。

CREATIVE TRESPASSING

第八章 丢掉地图，找到你的
方向感

有时候我觉得创造力是一种魔力，不是人寻找创意点子，而是让创意想法主动找到你！

——艺术家、建筑师，玛雅·林（Maya Lin）

我的家人天生方向感很强。每个人都是，除了我。小时候，我的家人给我取绰号，叫我"导航困难户"。简而言之，用地图导航不是我的强项。说实话，看着地图，我也找不到大部分地方。但不要为我伤心，遥远的阿根廷（无论在哪里）！我自有强项，比如写愚蠢的短剧，模仿综艺节目《周六夜现场》（*Saturay Night Live*）里的人物，在长途汽车上开玩笑，等等。

所以每当我们开车到新的城镇或者陌生的购物中心，我就坐在车后座对着空气讲笑话，而我妈妈则信心满满地拿出一张地图，和我的弟弟妹妹开始研究地图，就像地图绘制员那样，仔细地查看错综复杂的路线和不同颜色的图例，很快就弄清了脚下这片土地的区域布局。

无论我们在哪里，他们都能找到重要的地标（比如餐厅），找到公共洗手间，按照地图指示回到车上，然后安全回家，我还没问"我们在哪儿"，我们就到家了。

虽然我喜欢探索新地方，但是要提前在令人眼花缭乱、难以区分的地图路线上找地方，对我来说太困难。早在12岁时，我就知道人要么天生就有导航基因，要么不得不因为没有这个能力而被嘲笑，我很清楚我属于后者。所以我放弃拯救我的方向感，选择努力模仿《周六夜现场》里的角色罗莎娜·罗莎娜达娜（Roseanne Roseannadanna）。

长大后我搬到了洛杉矶。差劲的方向感原本只是让我的生活稍有不便，但是到了洛杉矶，精通地图的母亲和兄弟姐妹不在我身边，方向感又差，我的生活受到了严重影响。我必须靠自己找到离家去上班的正确路线。注意，那时还没有手机，没有在线地图服务，也没有谷歌地图（Google Maps）。在那个古老的时代，如果你想要看"街景"，你必须起床，亲自走到街上看看。那时候，最接近导航"应用程序"的是《托马斯指南》（Thomas Guide），一本20磅重的活页书籍，其中包含美国每个城市的地图，而这些地图绘制得十分复杂，密密麻麻，看起来就像巴洛克时期的产物。

我要做的工作包括，花费数小时解读《托马斯指南》并转换成我能理解的地图。我拿了一张纸，画了一条从这到那的长曲线，粗略地画上了我在那条路上看到的公园和地标，潦草地标上街道名称和高速公路编号。作为辅助，我会创建一个基于歌词的助记设备来引导我的旅程。右手转向万特乐大道是根据歌手汤姆·佩蒂（Tom Petty）的《自由坠落》（"Free Fallin'"）而来（"吸血鬼们穿过了这个山谷向西去了万特乐大道"）。好莱坞大道的出口由鲍勃·西格（Bob Seger）的歌曲《好莱坞之夜》（"Hollywood Nights"）提示（"那些好莱坞之夜，在那些好莱坞小山上"）。日落大道上的一次会议，是大卫·鲍威（David Bowie）的《分裂戏子》（"Cracked Actor"）给我指明了方向（"在日落大道和藤街上识破了一个把戏"）。我在这张纸上也潦草地写下了这些歌词。

我的"地图"完成了，这幅地图看起来像是由一个因为莫须有的罪名而被单独拘禁了10年的囚犯创作的，或者是一个3岁孩子偶然发现并吃完了父母存放的哈希饼干（含有大麻成分）之后，胡乱画的。

无论如何，大部分时间我不得不离开家。坐上车，把那张纸小心地放在我的腿上，以备我在405公路上开车时参考。在洛杉矶高速公路上开车，即使眼睛一直盯着路，也可能会有危险，更不用说低头往大腿上看了。但是，我当初只想到了这个办法。也许你想知道："车上没有空调，一直开着窗，那小纸片有没有被吹出车窗过？"

有。有过。实际上，这样的情况发生了好几次，于是我不得不在高速公路上停车，随机向行人和疲惫的店员问路，比如"我怎么去好莱坞？"

不知怎么，尽管这种方法并不好用，但是我在30岁之前一直使用着自制的象形文字。因此，当我30多岁受邀前往意大利威尼斯时，我坚信我能靠着我的非传统导航战术走遍水上城市威尼斯！

如果你去过威尼斯或读过伊塔洛·卡尔维诺（Italo Calvino）的《看不见的城市》（*Invisible Cities*），你就知道，在那里你没法靠着地图穿过迷宫般的运河和水巷。我敢说，即使是让人头晕的大部头《托马斯指南》也无法与威尼斯弯弯绕绕的水道相提并论，因为《托马斯指南》至少不会引导你走进亚得里亚海（Adriatic Sea）的死胡同，这让你颇为意外。

无论如何，我在去威尼斯之前也没有读过《看不见的城市》，不知道威尼斯道路之复杂。所以当我第一次踏上美丽的鹅卵石路并眺望大海时，我心想："这是我梦想的城市！"然后我立刻迷路了。去博物馆我没迷路，去吃冰淇淋没迷路，去其他好玩有趣的地方也没迷路，但是在返回酒店的路上迷路了。好吧，我心想，我只能向行人问路了。但是我的意大利语不流利，甚至很差劲，是从曾住在意大利的朋友那里学的，只会几句话："给我一杯卡布奇诺。""呸！"（或者"狗屎！"）还有"请检查"。如果把这几句话连起来说，的确符合某个场合的语境，但对迷路的我毫无帮助。

我在刮着大风的街道上徘徊，处处迷路，双脚刺痛，沉重的背包压弯了我的腰，这时我找到了一家附近的酒吧，进去坐了下来，喝了一杯冷的普罗赛克葡萄酒。喝了酒，我镇静了下来，很快就准备好继续前进。走了几个街区，我还没找到回酒店的路。但是我没有放弃，继续走，相信内心的指南针，跟着弯弯绕绕的道路走。但是我一小时后又返回了原来的街道，我只想尖叫着爆粗口！我走到了之前看过的美丽社区、宏伟的基督教堂和犹太教堂，看到了之前尝过的美味冰淇淋和披萨，甚至都走到了我很想参观的博物馆面前。迷路就是一种魔法。我意识到无法根据自制的地图找到正确道路并不是个人失败，而是一种艺术！

太阳开始下山了，于是我问店主——太好了，他会说英语——酒店的方向，还告诉他我迷路了一整天，不过走得很开心。他会意一笑，说："如果你迷路了，你就抬头向上看。"哇！这个家伙是威尼斯最睿智的人吧！威尼斯到处都是精致的建筑，公元1世纪的古老遗址，雄伟的钟楼，留有世界著名画家、设计师和文人手迹的广场，我自言自语，根本不用看地图！"谢谢！"我郑重说道，接着起身离开。"不，不，"他在我身后喊道，"我的意思是，你可以抬头看看建筑物上的标志。"

每个地标性建筑的侧面都标有清晰的箭头指示方向：圣马可广场（San Marco）、火车站（Ferrovia）、罗马广场（Piazzale Roma）……

好吧，也许他本身不是智者，但无论从字面意义上还是象征意义上说，他确实给我指明了方向。他告诉我要找标志，跟着标志走。事实证明，毕竟，威尼斯到底还是我的城市。在威尼斯，你要扔掉地图，相信你的内心指南。在这儿，你必须学会人生中重要的一课：**在迷路时找到自己的独特道路**。

创造性入侵者一直信奉这句话，仿佛这句话纹在了他们的前臂上那样显眼、重要。我们不需要地图，因为我们有比地图更好的东西，我们有一个内部导航系统（Inner Guidance System，IGS）。它有点像GPS，但不靠卫星信号定位，靠的是我们最坚定的信念、本能和价值观来引导我们找到自己的道路。惊喜的是，它不会用令人毛骨悚然的机械声音给我们导航，并且虽然它无法为我们找到最近的高速公路入口，但是它会不惜一切代价帮助我们，找到我们活着的目标和理由。"为什么"和"怎么样"是一体式问题。正如畅销书作家西蒙·斯涅克（Simon Sinek）在他的书《从为什么开始》（*Start with Why*）里巧妙解释的，"为什么"是我们行动的原因。所以如果"为什么"是我们要寻找的原因，那么"怎么样"就是我们要找到的方式。我们的内部导航系统会带着我们探索"为什么"和"怎么样"，帮助连接我们的目标与计划。

无论你是否听从它的建议，你的内部导航系统一直都在起作用。是的，多年来它鼓励着你，发信号告诉你："显而易见，你现在可以跟着你的激情走！"你回答："我要知道，我到底要去哪里。"你的内部导航系统说："什么方向都试试，不管走哪条路，你都可以找到身上的新闪光点。"而你回答："嗯，在我出发之前我真的想知道走哪个方向。如果我选择的激情是错误的怎么办？或者更糟糕的，我没有达成目标怎么办？！"而IGS这时候回答："根本不存在什么错误的激情。你的目标不止一个，你有一堆目标——现在就出发吧。相信这个过程！"而你这时说："给我条线索吧！"最后内部导航系统放弃了："算了吧，我要去帮助已经准备好要大显身手的人！不跟你啰唆了，再见啦。"

内部导航系统的最大优点就是：它始终陪伴在你身边并随时准备好帮你翻转世界。你无须照顾它，无须为它充电或者每月支付服务费；只要你在，它就会启动运行。你要做的就是体现你的价值观，导航系统会完成其余的事情。无论你是公司主管还是公司里的小螺丝钉，只要大胆展现你的工作价值观，你就可以坚定地在自己的路上探索，即使迷路也不会迷失自己。这种做法会彻底改变你的工作方式，领导和倾听的方式，让你的工作生活重新充满活力！

同理心相伴

我有位朋友是《财富》（*Fortune*）零售商100强的通信业务主管（以及一名正式的创造性入侵者），他曾经从前东家那里偷了点东西。在我们谈到更换工作带来的价值这个问题时，他承认他偷了东西。但是他从前东家那里偷的不是订书机也不是一沓打印纸；他偷了一个价值，有点奇怪的价值：同理心。天呐，这个很有价值好吗！因为当时他的新团队正在努力寻求以创造性的方式来吸引客户，这时同理心就更有价值了。我这位朋友知道，如果团队学会站在客户的角度换位思考，他们就能想出更多创造价值的创新方式。

因此，他举行了场外会议，会上大家一起吃饭，每个人都谈谈自己作为客户的最差体验和最佳体验，大家从让人完全没有购买欲望的超细纤维浴巾一直聊到购买奢侈的埃及棉时完美的购物体验。

虽然同理心不是公司官方核心价值观的一部分，但它很快成为客服团队的核心价值。这种新方法提高了销售量，增强了客户满意度，还激励了更多的团队成员在提供服务时表现得更加积极主动，富有创意。绩效评估时，深刻认同同理心并具备同理心的团队成员往往表现优异！

最优秀的领导者，最多产的艺术家和作家，最鼓舞人心的改革者都擅长不断从他人身上汲取价值力量。另一个完美例子就是艺术家安·莫顿（Ann Morton）。她在成长过程中攫取了她从父母身上观察到的价值——尊严——并将其带到了街头。为了让其他人看到社区中被遗忘的人和被遗弃的物品的价值，莫顿创建了一个名为"街头宝贝"（Street Gems）的项目，邀请曾经有流浪经历的人利用乱扔在街上的塑料瓶、杯子和杯盖制作艺术品。莫顿和社区参与者们除了偶尔在户外空间集合，其他时间都在社区中心创作，将手中的废弃塑料弯曲，重塑形状，制作成漂亮的项链、耳环和奇异的"花朵"，并最终将作品出售给大众。参与者们因把垃圾变成艺术品而得到了回报，他们不仅拿到了报酬，给人们留下了深刻印象，还得到了尊严。

从你欣赏的人身上"窃取"（虽然我更喜欢用"借用"一词）的一个或多个价值，无论是从前雇主、朋友、家庭成员、前任、艺术家、作家身上，还是在社会运动中，都可以帮助你搭起连接"为什么"和"怎么样"的桥梁，可以引导你朝新方向前进，同时让你始终坚守自己的立场。

高效反叛法

1. 从你欣赏的人身上借用价值。

2. 把该价值运用于工作。

3. 体验价值。

4. 分享价值。

坚持核心价值观

我在一个小组里遇到了史黛西·柯克（Stacy Kirk，Quality Works 咨询公司的CEO）。她在回答关于价值的问题时说道："我的价值大于我的恐惧。"当时我就觉得，这名女性非同凡响，我必须尽快跟她聊聊。于是我转过身问她："您是？"

当时直觉告诉我，她也是一名创造性入侵者，于是我向她请教，如何让自己和团队一直坚持团队（和公司的）价值观，是否有什么秘密策略。她回答了我，说："有！"真的有秘密策略。

这家咨询公司主要负责创建加速软件交付的工具和框架，因此她的团队自然很重视敏捷的工作方式。这意味着他们重视快捷、高效、灵活的思考、移动和协作方式；也意味着始终会保持警觉。所以他们会举行站立会议。站立会议字面上就是站着开会，每个成员都有1分钟左右的时间分享他们的项目进展、完成情况以及下一步的工作计划。

站着开会确保与会者能够有效沟通；如果要参加的会议太多，与会者可以在15分钟内加入或者退出会议，十分灵活。

史黛西的团队成员一半在美国，一半在牙买加，那么她应该很难开展站立会议吧。但史黛西创造性地解决了这个问题：视频会议。然而，有一天，牙买加的团队注意到之前几次会议有拖延现象，为了提高沟通效率，他们决定实行强化版的站立会议。所以当美国团队接听了牙买加视频电话后十分惊讶：他们的牙买加同事们没有站着，而是在做平板支撑。这才叫灵活敏捷啊！

现在，每当站立会议的进程缓慢，他们就做平板支撑，敦促与会者拣重点说。坚持他们的核心原则（同时也巩固了核心价值）帮助他们专注于成为最敏捷、最灵活、最高效的团队。

留下创造性遗产

并非所有工作都是干一辈子的。有时候我们由于不切实际的期望，在午餐时"落单"，年复一年都没有加薪，最终彻底失望，备受打击，感到心灰意冷，于是我们意识到是时候离开了。问题是：你会留下什么？出于懊恼和愤怒，你选择在你的办公桌上留下脏盘子、空墨盒，并且粗鲁地向老板竖中指？还是选择留下创造性遗产，激励未来员工，使他们变得更加生动有趣？在戏剧表演中，退出场景与进入场景一样重要。无论是在戏剧还是在职业生涯中，观众或者同事都能从我们的退出方式中看到我们的真实一面，或成长，或停滞不前，或一直在改变。

离开时留下美好的东西，说明你成长了，准备好进入下一阶段了。

如果你还没准备好，也没事。但是，为什么不试着留下一些可以改善继任者工作环境和工作过程的东西呢？离职时偷偷拿走一整年用量的笔记本不是你应有的行为，你应该在纸条上列出各个项目的有关物品都放在哪里，如有疑问，欢迎她发邮件与你联系。

离开时留下咒骂和怨恨，还是留下创造性遗产，取决于你自己的选择。前一种情况下的继任者会毫不犹豫地用一根手指向你表达"敬意"，而后一种可能会给你带来新机会，就看你的选择。

让联系人性化

在线旅游公司亿客行（Expedia）旗下的亿客行全球工程师组织曾经邀请我参加年度反馈论坛并分享我的反叛性策略，以鼓励领导层发挥更大的创造力。来自全球各地的400名高级工程师聚集在华盛顿州的贝尔维尤（Bellevue），探讨成功之处以及如何做得更加成功，重点探讨了如何率先弘扬其核心价值观：寻求新想法，寻觅不同的思维方式，寻找多样化的背景和方法。

我的演讲结束后，进入了问答环节。有几个人表示他们最大的困扰是在现实生活中与世界各地的工程师同行联系。作为讲求实效、供职于快速迭代发展的技术公司的工程师，他们的"现实生活"应该就是各种视频会议，所以他们的提问实际上是："我们如何打破视频会议的常规，建立真正的联系？"

直觉告诉他们，与来自不同背景的同事建立联系——他们会挑战我们，改变我们的思维方式——并且随时随地分享想法，做出创新很重要。但他们不知道怎么做。我马上就想到了解决方案：笔友。我建议他们从与海外同事成为笔友开始。亿客行用技术改变我们出国旅行的方式，所以工程师们为了改变与海外同事联系的常规方式，采用传统的书信方式进行沟通好像也很不错。而且想了解某人，有什么比书信更好的方式吗？看着对方贴的邮票，想象下，当时对方坐在千里之外的办公桌旁，在信纸上写下了自己的想法，而现在这封信在你手中，还有什么比这更棒的了？更不用说跑到信箱边查看是否有信件时，那激动快乐的心情了！工程师们对这个主意很满意。更重要的是，书信往来使他们的联系更加紧密，创意更加丰富，而且使他们之间的地理空间距离与文化差异越来越小。

高效反叛法

1. 找一个笔友。这个人可以是同公司不同部门的同事，一个亲戚，一个朋友，在你向往的领域工作的人，或者其他任何人，只要他们住在你从未去过的城市或国家就可以。

2. 手写信件并亲自向笔友投递信件（不使用电子邮件，社交媒体或其他技术接口）。

3. 奖励：设立目标，在5年内去他们的城市或国家旅游。

CREATIVE TRESPASSING

第九章　释放内心的反叛

面对这个不自由的世界的唯一方法，就是践行绝对自由，让自己成为反叛性的存在……

——哲学家、作家，阿尔贝·加缪（Albert Camus）

有时候最伟大的反抗就是站起来并全身心为我们的梦想奋斗。**反抗需要培养一种心境，在这种心境下我们坚信我们的意见、我们的想法，甚至我们自己都至关重要。**

作为创造性入侵者，当我们对自己的创造性想法充满信任时，我们会站起来；当我们要明确勇敢地说出我们的想法时，会站起来；当我们为了纪念人们、创意和事业时，会站起来；当我们发现，公司使命与我们个人使命之间、工作与工作之间、艺术与商业之间的关联时，会站起来；当我们把冷漠和懒惰转换为发挥想象力和灵感时，我们会站起来。

这一章谈的是终极挑战：我们的恐惧与梦想，我们的激情与拖延，职业发展的愿望以及不断刷社交媒体的欲望！是时候把那些阻碍我们自由生活的东西踢出去了。但先让我跟你说说，我在咖啡馆里是如何在激情和拖延之间挣扎的。这一切都始于我收到的一封电子邮件主题行中三个恐怖的字母：TED。TED这三个字母让我既兴奋又害怕。这是一封TEDx演讲的邀请信——对我这样崭露头角的专业演讲者来说，这是一个梦寐以求的机会。我立刻回复答应了，后来一直拖延着没准备。终于有一天，我努力打起精神去了办公室，坐下来为我整个职业生涯中最大的演讲做准备。

问题是，每当我想坐下来写演讲稿时，我的创造力就不翼而飞了，取而代之的是一个异常鲜明的念头：放纵自己，别管梦想了！多么棒的主意啊！我也的确照做了，用能想象到的方式尽可能地拖延。频繁打开电子邮箱查看新邮件（嘿，因为邮件不会自我查看啊！），洗衣服（不费吹灰之力就能有干净内衣！），洗碗（天知道清洗沾着牛油果的勺子多么有趣！），刷社交媒体（还行吧，但比工作更好），吃零食（无比美味）。不久，我"休息"得越来越多，工作得越来越少。由于我完全放弃工作的念头，效率已经为零，所以我毫不犹豫地出去喝咖啡，心想着也许能尝到新鲜出炉的素食司康饼。

当我等待我的热咖啡时，遇到了一个朋友的丈夫雷（Ray）。雷是一名记者，语言功底很强，为人也非常直率。"这几天你在做什么工作？"他随意问道。

"我受邀参加TEDx演讲，"我说，"我在写演讲稿。"

"写得怎么样了？"他问道。

"没怎么样。我需要一个人给我设置一个截止日期。记者常常要在截止日期之前交稿，所以你一定很擅长处理拖延的事情。你能给我一个截止日期吗？"

"当然。你几岁？"

"39。"

"好。那你的生命没有多少时间了。"

哇！没有什么比这句话更能让人戒除恶习、加足马力努力奋斗了。雷这番把人的死期和任务截止日期联系起来的话让我清醒起来，让我得以正确看待并处理拖延症。TEDx演讲一直是我最大的职业梦想之一，那么为什么我要主动分散注意力，阻碍自己实现这个梦想？精力和注意力应该放在何处？激情还是拖延症？曾经的我在这两者之间挣扎不已。

我想最后激情和拖延症之间的较量应该是这样的。

拖延症：我要狠狠揍你一顿。明天你给我等着。

激情：哈！我就在惩罚自己，因为我自己活该。

拖延症：行，你就争强好胜吧，今天算你赢。但是明天……我跟你没完！

如果你的激情和拖延症在一个咖啡馆发生正面冲突，你会为谁助威？经雷提点后，我很清楚要为谁欢呼：一直为激情加油！于是我加足马力写演讲稿。

无论你热衷于创业，还是学习一项新技能、环游世界、发表TEDx演讲或其他任何内容，你都该摆脱拖延症的枷锁，走向自由！不，我要先吃点零食。不，等等，让我洗一大堆衣服。不，等等，我必须创建一个脸书账户，偷窥我前任的现状。不要这样做。你要明白，这是你反抗旧模式、享受激情的好机会。这是你远离拖延和停滞，朝着梦想飞跃的机会。今天，我们要挑战那些阻止我们追求梦想的内部阻力，因为我们的梦想不能等到明天。现在是时候以我们的激情为中心了。就从今天开始。

制定"禁做"列表

你是否也有拖延症，导致你无法追随自己的激情？没关系，你可以告诉我。我已经尝试过所有的拖延方式了！为了阻止你的梦想成真，你都是如何拖延的？来吧。你是不是痴迷于整理放袜子的抽屉？执着于清理电子邮件，好为新的电子邮件腾出空间？控制不住地发信息聊天？疯狂吃零食？刷遍所有的社交媒体？刷两次？

作为创造性入侵者，**你可以因为明天的事情而失败，但是必须成功完成今天的所有任务。**

通过有意识地改变你的习惯，你就能改变生活的轨迹。你可以选择优先处理让你活力十足的事情，而后处理不那么有趣的任务。你可以带着目的去生活，因为有目标的生活才自由。

高效反叛法

1. 拿一张纸。没错，就是一张纸，看看接下来怎么做。

2. 在纸的顶部写：禁做清单。

3. 诚实细致地列出，你为阻止梦想成真而做的所有无关紧要的事情。

4. 带着清单和打火机或者火柴，去厕所、壁炉或后院火坑，然后，点燃清单，烧掉它！

> 5. 如果你想做得更反叛，你甚至可以举办一个燃烧清单的聚会。邀请你的同事一起制作禁做清单。最好的团建活动就是大家一起疯狂吐槽拖人后腿并且妨碍激情的讨厌习惯！

谱写战歌

　　既然我们和梦想之间没有阻碍，那么我们创造性入侵者应该站起来，开启一场工作文化革命！单单纸上谈兵是无法革命的，所以让我们站起来反抗吧，坚持我们的信念！

　　但首先，我们必须清楚，我们的信念和目标是什么以及如何实现它们。现在，让我们的工作和真实的自我和谐共存吧。告诉所有人，我们将把真实的自我融入朝九晚五的工作中去。写下自己的战歌吧！

　　每个站起来开启革命的创造性入侵者——改变着我们思考、行动、关心、合作、工作和生活的方式——都有一首战歌。有时他们称之为使命宣言，有时称之为宣言。宣言的作用十分强大，公司都需要宣言发挥作用。从科技公司苹果（Apple）到瑜伽服装品牌露露柠檬（Lululemon）再到鞋业品牌简单（Simple），每个品牌都有其宣言：集公司经营理念和蓝图于一身。

　　你说谱写战歌，最妙的地方在哪里？应该就是无需证书，无论是工商管理学硕士证书（MBA）或你老板写的许可证都不需要。你只要能把战歌写下来。多么酷啊！非常酷了。

　　也许你一边阅读一边正在思考："战歌？宣言？听起来很激烈。我只是想更快乐、更有想象力地完成我的工作。"好吧，让我换种说法吧：战歌就像生活力量的蓝图，就像为实现抱负制订的行动计划，就像梦想的实现过程。最重要的是，通过说出你的目标，阐明你的立场，今天你就能够朝着梦想中的未来更进一步。

与宣言、使命宣言等创作表达形式一样，你的战歌由几个关键部分组成：愿景、目的和行动。把这几部分写在纸上，赋予它们力量。

1. 愿景：说明你的立场、你捍卫的人和权利、你的信念等。

2. 目的：通过把这些信念融入日常工作，你想实现什么目的？把你的目的写下来。坚持你的信念，你的每一天、每一周，你的整个生活会有什么改善？

3. 行动：怎样偷偷把你的信念融入工作？列出为实现愿景要做的大大小小的步骤。

4. 最后很重要的一点是你的战斗口号：大家合唱你最喜欢的歌曲时，你会激动不已，强大的战斗口号也能让人心潮澎湃，想跳舞，变得勇于挑战，敢于大声说，这是我的战歌！当我们太累、太害怕或者太过气馁难以支撑时，战斗口号告诉我们，我们永远不是孤身一人在奋斗。想想历史上最著名的战斗口号就有这样的作用："我梦想有一天，这个国家会站立起来，真正实现其信条的真谛……我有一个梦想……"

播放能让你激情澎湃的歌曲，同时设置一个15分钟的计时器，边听边写战歌。写的时候无需修改也别在意好坏。当然你可以随时返回前面部分进行添加、修改或调整，但与之相比，继续写下去更重要。

举例谈谈创造性入侵者的战歌。以下是我战歌的一部分。我以描写我的立场为开头：

我支持冒险的格格不入者，他们勇敢地在公司信纸的抬头上写下战歌。我支持追求我们的激情，反对拖延；支持追求梦想，反对阻挠实现梦想。（愿景）

我们是创造性入侵者，我们的工作是高效反叛！（战斗口号）

我们 40% 以上的时间都在工作，所以我要利用这超过 40% 的时间既快乐又充满想象力地工作。（目的）

我会为同事们在办公软件 Slack 上建立一个名为"创造性入侵"的工作沟通频道，让他们在频道中分享自己把创造力融入工作的经验。即使不是周五便装日，我也会违反穿衣规定，穿着运动鞋上班。（行动）

现在轮到你谱写战歌并宣告创造性独立。写完后，带上你的战歌，让别人听一听，看看他们的反应：你的配偶、你的孩子、你的朋友、值得信赖的同事、邮递员——会倾听的任何人或事物都可以。但是先提醒你，一旦你感应到大声说出自己立场时的力量，感受到你想把愿景变为现实的那股力量，那么你可能需要注意它的一些副作用。比如你可能会突然想站起来，跳起来，挥舞拳头，并庄严发誓要说出真理，说出全部真理，所以说唱大王，你要小心副作用！你还可能会在工作时朝着落基山脉哼唱战歌。甚至某天中午站在开放式工作站的中央，开始高声歌唱战歌，因为你讨厌极了在室内小声说话！这太酷了，只是要记得小声告诉大吃一惊的同事们，你这么做是因为你正在重写你的生活。

如果你愿意的话，可以把战歌打印出来并贴在你的隔间墙上。可以把它设置为屏保。可以在你喝咖啡的马克杯上印上你的战斗口号。

你可以写写战歌，可以读一读，可以运用起来，可以热爱珍惜它，可以用它大展身手！收回生活之歌，谱写你的战歌：我们是创造性入侵者，我们的工作是高效反叛！

CREATIVE TRESPASSING

第十章 让负担症候群见鬼去吧

> 我好奇，我会不会把余生都用来想方设法地让自己沮丧忧郁。
>
> ——电影制片人、艺术家、作家，米兰达·裘丽（Miranda July）

　　我要去参加世界上最大的科技会议——思科大会（Cisco Live）！在会议现场，我要给成千上万的人分享我的经历，激励他们拥抱内心的超级英雄。

　　我非常热爱公共演讲。每次演讲前，我都会做好准备，多次排练，准备好震撼全场。当然，这并不意味着，当我凝视着来自世界各地的有识之士时，我一点都不胆怯。即使我很喜欢现场的观众，有时候我也会胆怯，特别是让我这个身高五英尺三英寸（160厘米）、还容易得季节性湿疹（长在眼睛之间）的书呆子给一群粉刺都不长的真正超级英雄讲怎么成为超级英雄，我就更容易胆小了。简直就是班门弄斧！

　　这次，我的上场顺序应该排在思科系统公司（Cisco Systems，就是那个价值数十亿美元的老牌公司）的高级副总裁之后，在凯里·洛瑞兹（Carey Lohrenz）中尉之前。作为美国海军中第一位驾驶F-14"雄猫"（F-14 Tomcat）战斗机的女中尉，她此次演讲的主题为威胁！而我唯一知道的雄猫就是米奇，是一只重20磅（约9公斤）、好打斗、耳朵被咬掉的脏猫。我既不是高级副总裁也不是中尉，甚至都没有宝马汽车！我一度以为自己患有肠易激综合征（IBS），但其实只是喝太多咖啡后造成的副作用。

无论如何，快轮到我上台了。我的手心略微冒汗，努力不再想那只雄猫的不幸遭遇。"别担心，"我告诉自己，"总不会我刚刚一只脚踏上舞台，台下的观众就立马齐声对着我喊'胡说八道！'对吗？肯定不会这样吧！"

我登上了舞台。脚下的地板十分坚固。感觉还不错。我凝视着台下一个个超级英雄，问道："今天还有超级英雄吗？"我深吸一口气继续演讲："没错，我们都是天生的超级英雄，但是我们把余生都用来道歉，为这个身份而道歉。"就这样说完了，我走下台跑了。

台上的几分钟过得很快，下台后我才意识到，我的演讲结束了。观众们还听得一头雾水时，我下台了。现在站在台上的是第一位驾驶F-14"雄猫"战斗机的女性飞行员，她微笑着对我说："我该怎么接你的话？你太了不起了！"

但事实是：直到那一刻，我都以为，我在演讲时不仅思路模糊，胡言乱语，还在直播时说了F开头的脏话，全程穿着运动鞋在舞台地板上蹭来蹭去。我觉得，阵阵掌声实际上不过是片片嘘声。如果条件允许，观众肯定会朝我扔烂西红柿。

有时候，冒名顶替者与超级英雄的唯一区别在于，弄清其他人对他们的看法，这是不是很惊人？但是，如果我们能把客观的局外人对超级英雄的看法为自己所用呢？就像我们可以随身带一名战斗机飞行员，好不断提醒自己有多厉害？而实际上，我们也因此相信自己的确很了不起，因为这名飞行员的确是个中高手！

我只想让你知道——如果你经常感觉自己在欺诈或假冒别人，还担心有人随时会打电话指责你胡说八道，别担心，你不是唯一一个有此担忧的人。事实证明，我们做得越多，我们就越有可能感觉自己是冒名顶替者。这说不通，对吧？我原本也不相信，但是当我给某些极度勤奋聪明又相当成功的商业领袖、表演者以及显要人物提供培训和咨询服务时，我与他们接触得越多，一个声音就出现得越频繁：我觉得自己像个冒名顶替者，你可以帮帮我吗？我的第一个念头总是：什么？这太荒谬了！于是我意识到，有时候我们都认为自己是一个冒名顶替者。我们交了好运所以才能开办公司，能在大舞台上发言，组织培训，获得这么多机会。或者更糟糕的是，我们可能会认为，我们没有足够的资历、知识或经验，所以无法管理公司，不足以进行公共演讲，不能组织培训或者也不会得到机会，所以我们甚至都不尝试，或者放弃得太快，或者告诉自己，令人生动有趣的事情并不值得去做。

但真相是，我们都难以遏制这样的念头！所以仅此一次，以后再也别在心里骂自己胡说八道，糟糕透顶，不许这样胡思乱想，贬低自己，你可以做到吗？

我们经常需要局外人来发现我们身上的闪光之处——但是我们自己也能培养这种能力。只要做好本分工作，完善技能，准备好大展拳脚就行——并且继续像超级英雄一样向高处攀登。

至少为了你的孩子或你的侄女和侄子，无论如何也要试着接受内心的超级英雄，这样他们才能知道恐惧为何物并努力战胜恐惧。为了你的同事，你也要学会接受内心的超级英雄，否则他们无法了解你在职业生涯中的想法、技能和人际关系，大家也无法推动公司发展。不要吝啬你的天赋！以下的创造性方法能让你远离恐惧，获得安全感，使用超能力大秀一场。

"我能，我能"文件夹！

还记得美剧《洛克福德档案》（*Rockford Files*）吗？就是那部20世纪70年代的侦探剧——主人公吉姆·洛克福德（Jim Rockford）——因为莫须有的罪名入狱，出狱后只能住在破旧的活动房屋里，以做私家侦探为生。这么说吧，他和我们所有人一样，遭遇了职业生涯中的挫折，然而他不气馁，屡屡接下疑难悬案并成功破案！

洛克福德激发了我对"我能，我能"文件夹创造性入侵行为的灵感。所以，别找借口了，成为一个追踪自我成长的私人侦探吧。准备一个文件夹（你也可以创建数字文件夹）并收集展现你独特工作价值的各种证明。可以是出色的业绩评估。可以是同事或老板称赞你"工作做得好！"的电子邮件的打印版。可以是你参与活动的剪报，显示达标或超额完成的报告，来自客户的致谢卡、奖项、证书等。无论是不起眼的证据还是极度特别的证据，只要是证明你表现出色的证据就都很重要！

现在，每当你需要提醒自己能行或者需要外部证明自己时，即可打开"我能，我能"文件夹，浏览你的一项项成就，激励自己！再接着继续努力。

别再妨碍你的职业生涯

好吧，我曾经为了完美的性生活而放弃精彩生活，但实际上两者精彩程度差不多，只是性高潮只能持续几分钟（好吧，也许对你们中的一些人来说更长，但这并不值得骄傲），而生活显然更加漫长。为什么我们当中很多人不管怎样都在有意或无意地做妨碍自己发展的事情，尤其在职业生涯方面？接下来我想谈谈妨碍职业生涯发展的警示性故事，同时，故事也告诉我们，只需几步改变，我们就可以走出自己的路，追求精彩生活！

我的一位培训客户面临职业过渡的难关，她需要这方面的指导。这位客户早年曾在科技领域工作，然后转身进入金融行业，现在又想回到科技产业发展。当时，她正在面试一家公司的职位，我恰好十分了解这家公司，于是她向我询问了对该公司的看法、公司文化等。首先，我肯定地跟她说，目前该部门工作人员的直接技术经历绝对没有她的丰富。其次，我告诉她，我碰巧知道最近新入职该岗位的两位职员的年薪为70000美元。最后，我给她加油打气，鼓舞激励她，因为实际上她完全能胜任这份工作。几天后，公司录取了她。当公司提到薪资问题时，她要求年薪55000美元，而公司只愿提供50000美元。最终她接受了这份工作。

为什么？因为虽然她比该岗位最近入职的两个人更能胜任这份工作，但是她怀疑自己和她的经历。换句话说，她有教科书级别的负担症候群，这妨碍了她的职业生涯，仅仅在第一年就白白错失了20000美元的工资。

有多少次，你在新雇主或者老雇主面前妄自菲薄？多少次，你知道了一份工作的薪资水平，却仍然报出低于该水平的工资要求？当我们这样做时，我们不仅仅白白放弃了金钱，而且我们也在告诉自己（和我们周围的每个人）我们不重视自己的能力。

下一次，承认你的价值吧。承认你对于工作的投入。承认你能胜任这份工作。承认你的精彩。再次承认。再一次。**我们越承认自己有价值，有价值的机会就越多**。所以停止妨碍自己，走出去，勇敢抓住这些机会。

组织超级英雄军团

既然公司能利用董事会（理论上）使公司更强大，保持制衡，并利用资源帮助扩展公司宏图，那么为什么不组成自己的个人董事会，利用资源推进个人愿景，保持制衡，使你的事业更上一层楼呢？我的朋友——芯片厂商特威（Techwell）的总裁艾莉森·韦德（Alison Wade）将她的个人董事会称为"前排人员"，因为她邀请的这些人的职责就是坐在台前——鼓舞她，挑战她并评估她的表现。而我称个人董事会为我的超级英雄军团，因为我觉得，在商界像军团那样联合协作有益处。

无论你怎么称呼它，重点是组建一支人员多元化并且支持你的团队。我的意思是，各方面的多元化：文化背景多元化，想法多元化，技能多元化。你们可以每周见一次，每月一次，每季度一次，都可以。向大家分享你的经历、恐惧、创意和愿望，庆祝彼此的成就，挑战并支持彼此。联合发挥军团的集体力量，找到你能胜任的任务。

用俳句提加薪

免责声明：我不能保证以下技巧会使你成功加薪，但我也不能说它一点用都没有。然而，我从使用该技巧的数百名创造性入侵者的身上看到，这个技巧似乎起作用了，至少作为一种释放压力或者在工作中展现独特价值的创造性方式（即使我们的老板似乎没有在意），它真的有用。即使它没有马上让你的薪水金额多一位数，它也会让你受到关注，也许能帮助你未来成功加薪。俳句是日本的一种短诗，第一行五个音节，第二行七个音节，第三行五个音节，通常用于歌颂自然之美。我们要对这种传统稍作修改，用俳句赞美你带来的工作之美。比如：

我表现不错，

她对此表示赞同，

好，给你加薪！

　　一旦你写完了俳句，你需要以创造性方式把它交给老板。先通过电子邮件发送给自己——然后在员工感谢日（Employee Appreciation Day）抄送她一份。在她的工作周年纪念日，让花店将俳句写在小卡片上，附在花朵或纸杯蛋糕（或两者）中送给她。假期归来，赠送她礼品时，附赠写着俳句的空信封。或者用更真诚的方式让你的老板知道（在俳句体现）你的蓬勃发展和她的英明领导分不开。做你认为正确的事，只要能展现你绝佳的创造性冲动，只要能表明你可以找到解决日常挑战的独特方法，并且能体现你所看到自己的工作价值。到最后，你的价值就在于，你是唯一有资格做你自己的人。

CREATIVE
TRESPASSING

第十一章 跳出成人的行事方式

我不相信想象力能被压制。假如你彻底消除了孩子身上的想象力，那他长大后一定变成大笨蛋。

——科幻作家，娥苏拉·勒瑰恩（Ursula K. Le Guin）

我记得几年前，当时我刚辞去斯科茨代尔当代艺术博物馆的工作。有一次，在该博物馆的艺术开幕式上碰到一位前同事，她问道："比起以前的工作，你更中意现在的新工作吗？""对我来说，两份工作各有各的好。"我告诉她。她带着一丝嫉妒回答说："我觉得你喜欢你做过的每一份工作。"我回应："是这样没错，我的工作哲学是，在工作中，只要稍微发挥下想象力，就可以把最无趣的工作变得有趣而具有创意。"她转了转眼珠，说："我做不到，我太理性了，无法把想象的东西当作真的。"

后来，我走开了，边走边想：等一下，应该说，能做到假装相信是非常聪明的举动才对！假装相信很容易被视为愚蠢的小孩子才玩的把戏，但实际上，如果你做到假装相信，你就能想象所有的可能性，就能为周围环境注入活力和能量，就能从恐惧和逆境中找到快乐。假装相信能为你遇到的最艰难的问题提供无限的解决方案。正是有了它才让你的生活充满创造力。据我所知，最聪明的成年人仍然知道，如何像孩子般假装相信。

我们都是天生的创造天才——自由、有趣并且富有想象力——后来在人生中的某个地方，我们忘却了自己的创造天赋。不过，这不算坏消息，因为如果我们知道，内心深处的确存在着创造天赋，那么我们有可能再次找回它。作为创造性入侵者，是时候找回我们内心的童真了！

20世纪60年代，研究人员乔治·兰德（George Land）博士和贝丝·贾曼（Beth Jarman）博士设计了一项创造力测试，旨在帮助美国航空航天局（NASA）挑选最具创新精神的工程师和科学家。测试看重的是所谓的发散思维，即相信任何问题都有无限的创造性解决方案。而孩子是最具有无限可能的想法的人，发散思维最强，所以兰德和贾曼给一群孩子提出了同样的问题（没错，和美国航空航天局的火箭科学家要回答的问题一样），并鼓励他们想出尽可能多的创造性解决方案。

测试结果如何？在1600名5岁儿童中，98％的测试结果处于最高级别：创造性天才。5年后，曾经参加测试的孩子已经10岁，研究人员对他们再次进行了相同的测试，其中只有30%的孩子达到了创造性天才的级别。再过5年后，当他们15岁时，该比例下降到12％。到20世纪90年代初，成千上万的成年人接受了该项测试。猜猜他们中有多少人达到了创造性天才的级别？大约2%。兰德对于这项研究结果的回应既简洁又有意义："我们得出的结论是我们学会了非创造性行为。"

那么我们到底做了什么抑制了我们的创造力？一个词：成人化（adulting）。成人化本质上意味着以期待的成人模式行事。如果在美国在线俚语词典《城市词典》（*Urban Dictionary*）中查找 adulting 一词，你会看到诸如此类的定义："做成人做的事情并承担责任"，"充分履行成熟个体应当承担的一项或多项职责和责任（偿还信用卡债务，不在社交媒体上抱怨，发牢骚，等等），以及（我个人最喜欢的定义）"眼中的光芒逐渐消失的后青春期"。抑制创造力的不是我们作为成年人的身份，而是因为我们被告知必须"像成年人一样行事"。成人就像是一个没有试镜的角色，但不知怎么我们就得到了这个角色。人生剧本丢失了，导演外出不在场，而我们所有人只记得几个舞台方向还有表演的开幕之夜，身边摆着几个奇怪的道具，但是我们必须尽最大努力，一生扮演好成人的角色。所以，我们竭尽全力。最终，我们可能做着一份工作，背着抵押贷款，拿着绿篱机，开着小型货车，握着厨房用具，也许还有债务，而且很快就有小家伙在你身边喊："看，妈妈！我不用你们对我负责，也能长大！"

成人化的问题，或者说，扮演成人角色、做成年人的事、购买象征着成熟和成功的光鲜亮丽之物的问题在于，遗漏了成熟和成功的内在要素：创造力、想象力和玩乐。没有这些东西，被成年的标志包围着的成年期只会让我们感到困惑。

有一次，我正在波士顿拥挤的人行道上急匆匆地行走，赶往数字营销公司 HubSpot 的集客营销大会（Inbound Conference）现场，并在会上发表一场主题为"如何开启营销革命"的演讲。就在那时，我听到一个小男孩在大声尖叫。也许那时停下来打电话给警察才是负责的表现，但这次演讲是和 HubSpot 重要人物丹·泰尔同台的重要机会。我十分敬佩丹·泰尔，所以这次不可能迟到。

然而，我越往前走，尖叫声就越响。最终，这个看起来大约7岁的小男孩正好出现在我面前，抱着母亲的手，哭个不停，仿佛得了夜惊症，只不过这是在白天。我的好奇心上来了，我忘记了滴答作响的时钟，并决定跟着这对母子走一段路，希望能找出这个小男孩在光天化日之下上演恐怖电影场景的原因。

然后我突然想到：波士顿出奇温暖的早上加上挂在他瘫软肩膀的全新书包，似乎在暗示他的母亲一定是在他上学的第一天把他一个人扔在学校，他当然不开心。我想帮助他，但是怎么帮呢？我不知道，于是我开始疯狂地翻我的背包，这个东西可以让小男孩走出糟糕的情绪。我终于找到了。我走到那个男孩面前说："打扰下，今天是不是你上学第一天？"他用手在泪湿的脸上胡乱抹了抹，说："是……是的。""那，"我说，"我觉得，你会需要这支神奇的笔。"这支笔引起了他的注意。其实，我递给他的是一支普通的圆珠笔。"现在，这支笔有魔力，"我解释道，"有了它，你可以写下你今天发生的事情，再按照自己喜欢的方式重写一次。这支笔可以创造全新世界。你会使用这样的笔吗？"

他眼睛里又含满了眼泪，他点点头说："我会的。"他把自己的手用力地从他妈妈的手中挣脱出来，伸出手掌去接这支神奇的笔。我小心翼翼地将笔放在他摊开的手掌中就走开了。

现在，你可能会想，"你为什么骗那个可怜的孩子，你这人渣？！"等等，别激动。我并没有欺骗他，我只是把事实告诉他。那支笔确实有创造全新世界的力量。有了它，他便可以走进虚拟世界的大门，在那个假装相信的世界里，每个人都有魔法。

当我们还是孩子时，我们本能地相信有魔法存在。然而，一旦我们成为大人，便固执地认为玩乐和想象仅仅是玩乐和想象，不存在什么魔法。在你声称自己太聪明，无法假装相信的那一刻起，你就放弃了你身上的魔法。**但如果你愿意开始相信，你就会发现魔法在你周围。** 你可以采用以下几种方法，假装相信，释放工作中的创造天赋。

跟着音乐动起来

现在是星期一早上9点。我在凤凰城市中心的街上一边走着，一边好奇地看着少数仍然抽着香烟的人猛吸了一口烟之后才走进办公室，开始他们一天的工作。室外高品质音响里播放熟悉的嘻哈旋律，是蒙蒂尔·乔丹（Montell Jordan）的歌曲《这就是我们的风格！》（"This Is How We Do It！"），我确定无疑！

歌词的开头，蒙蒂尔唱着："派对在西边。"果真，我看到在街道的西侧，穿过文艺复兴酒店光滑的移动玻璃门，有五排身穿深色铅笔裙或灰色西装的人在一起跳舞，他们面不改色地朝我这里瞥了一眼，于是我赶紧趴下！

我趁没人注意，偷偷地溜进酒店，看着他们跳完最后一个动作。跳完舞蹈，这群衣着光鲜的工作人员兴奋不已，笑容满面，相互击掌致意。天啊，我居然也跟着击掌了。在场有谁能克制住不跟着击掌呢？

当舞者们都散去并重新开始工作时，我找到了负责人，市场销售总监乔恩·埃里克森（Jon Erickson）（就是在前排跳得满头大汗的那位老兄），我想知道为什么会产生这个看似随意的创造性入侵行为。他看着我，好像我在问夏季亚利桑那州热不热这样的愚蠢问题，但实际上，他做出了回应："这是我们欢迎贵宾的方式。"

你能想象，为了使顾客印象深刻，你把双手举到空中、挥舞来挥舞去的场景吗？这不是他们第一回以跳舞的方式招徕生意了。有一次，一群会议组织者想来酒店考察，以寻找合适的开会地点，并且乔恩得知由于时间紧张，他们不打算进入酒店内部参观，只是慢速行车经过酒店，快速浏览酒店的整体情况。为此，乔恩及其团队策划了特别方案来吸引他们的注意力，方案内容和刚刚他们表演的一模一样：室外扬声器播放嘻哈歌曲，员工们在窗户前面跳舞。会议组织人员开车经过时，他们从欢闹的酒店工作人员身上看到了热情和精力，于是未考察酒店内部就预订了整个酒店的房间。作为创造性入侵者，我们总能找到令人难忘的古怪方式，让人们感到宾至如归。

找到你的能量护身符

现在，我们所有人，是时候放弃成人的行事方式了。变成外表成熟，内心却如孩子般聪慧、好奇、创意丰富的成年人吧。这并没有那么难。当你发现自己失去了在工作中跳舞的激情时，当你感到自己失去了假装相信的能力时，当你内心深处明白自己在压制创造天赋时，你需要做的就是，找到你的能量护身符并使用它。

你问，什么是能量护身符？你的能量护身符可以是任何普通物件。有了它你就可以释放已经拥有的超能力来应对日常挑战，超能力包括观察、关心、激励、改变、想象的能力等。想想DC漫画《绿灯侠》（*Green Lantern*）中，为了对抗在宇宙中的邪恶力量，绿灯侠阿兰·斯科特（Alan Scott）和他的超级英雄接班人戴上了能量戒指后，如何成功隐形，顺利制造"能量孪生子"，使能量翻倍，并创造出其他一大堆奇迹。很长一段时间里，我的能量护身符是一双特定的袜子，每晚演出结束后我都会把它清洗一遍以便下次使用。那双袜子给我带来了巨大力量！我的第二块能量护身符是一双运动鞋。第三块是两双运动鞋（不要问我怎么同时穿两双鞋）。后来我把一块幸运石放在我的口袋里。再就是一只幸运兔脚①（那只兔子可没那么幸运了）。条纹外套，橙色外套，两块不同的石头，一个金币……你懂了吧，它可以是任何物件。甚至不必是一个物品：大学期间，我和别人打网球时，常常唱灭迹乐团（Erasure）的一首歌。重点是，如果你相信假装相信的力量，衣物、口袋里的东西、头脑中的记忆印象都可以变成魔法。

众所周知，伟大的网球运动员塞雷娜·威廉姆斯（Serena Williams）在一整场比赛上都穿同一双袜子。获得奥斯卡金像奖的男演员本尼西奥·德尔·托罗（Benicio Del Toro）在现实生活中就戴着一只能量戒指，戒指部分木制，他在需要一些额外运气的时候就敲敲木制部分。你的护身符有什么作用呢？

---

① 据说，英国有一种习俗——佩戴兔子脚。英国人相信兔子脚可以辟邪，还能给人带来好运。

高效反叛法

1. 挑选你的能量护身符。

2. 无论你第一天上班，做大型报告，和你的老板或者重要客户
   见面还是写提案，都带着你的护身符。

3. 学会相信护身符有魔力，会让你变得更有想象力，更有活力，
   更有灵感，更自信。

4. 使用护身符，释放你的创造天赋。

CREATIVE
TRESPASSING

第十二章 直面失控

我们在快乐与痛苦中、困惑与智慧中亦可以窥见觉醒的力量，觉醒存在于奇怪而又不可思议的平凡生活中，存在于生活的每个瞬间。

——比丘尼/作家，佩玛·丘卓（Pemachödron）

　　还记得驾驶证考试时的那道题目吗？

　　车辆行驶在结冰道路上并且开始打滑失控，你会怎么做？

　　a. 朝车辆打滑相反的方向行驶

　　b. 用力刹车

　　c. 朝车辆打滑方向行驶

我记得这道题目。我16岁在车辆管理局（DMV）参加驾驶证考试时遇到了这道题。能否考对这道题风险很大：我要么成功拿到驾驶证，自己开车上学，要么那一学年滑轮滑上学或者搭不怎么靠谱的高年级生的便车。不幸的是，我不知道车辆打滑时应该怎么做，所以我利用想象力来重建打滑场景。我是这样想象的：

我在冰岛，与冰岛著名女歌手比约克（Bjork）一起在峡湾附近开车。她在车上飚了个高音。我当时很激动，于是为她拍手鼓掌，突然，我的车开始失控！汽车零件、瓶子和餐具都以慢动作飞出车窗外。而车前方约50英尺（约15米）外有只北极熊。我该怎么办？我想踩刹车，避免撞到这个无辜的家伙。而我的大脑告诉我，朝与打滑相反的方向行驶。但那是错误的答案。正确答案是：朝车辆打滑方向行驶。

在工作中，我们经常面临正在打滑失控的局面或挫折，比如最爱评头论足的同事说："你不能那样做，这不是'最佳办法'。"或者我们被告知"对不起，没有预算可以提供给创新实验室"，或者我们收到一封来自老板的电子邮件，其中有四个最不祥的词语串在一起："我们需要谈谈（We need to talk)。"

在那些艰难的时刻，我们的大脑尖叫着让我们踩刹车，举起手来接受失败。但是避开日常烦恼，躲避挫折和挑战，并不是正确的做法。我们不应该躲避，反而要迎难而上！

适应力，最佳方案

2016年11月8日，数百万美国人一直等到凌晨，盯着屏幕上的统计票数，各县的获胜者们也聚齐起来，大家屏息凝神等待最后的结果。但是我没有跟着全国人一起熬夜，焦急地等待历史上最扣人心弦的全国大选结果，我在晚上9点就睡觉了，在落基山地区的标准时间（MST）。你问为什么？因为第二天早上我要给健康保险公司哈门那（Humana）的领导团队做一次全公司范围的演讲，为此我已经准备了几个月。我要为这次任务全力以赴，所以要好好休息一晚。

第二天早上，我醒来时听到了惊人消息。我的免费葫芦（Hulu视频网站）订阅已被取消！那些混蛋！哦，还有唐纳德·特朗普（Donald J.Trump）当选为第45任美国总统。现在，我们先不考虑政治影响，可以说无论你支持谁，这样的结果都是出乎意料的。甚至唐纳德·特朗普似乎也不相信自己当选了。那天早上，整个世界好像因震惊和难以置信而暂停运转了；变换的现实似乎已经开始了。

那天不是一个演讲的好日子。实际上，作为一个女同性恋者、一个满口脏话的人，在这样的日子与一屋子的高管——没开玩笑——谈论"适应力：如何在被打倒后快速恢复"的话题无疑是最差的时机[1]。

但是这次演讲不能放弃：我为此计划了好几个月，合同都签好了，高管们都已经准备好听演讲了。躲避失控的局面并不可行；唯一要做的事情就是直面失控。于是我深吸了一口气，开始复习我的演讲笔记。

就在那时，我意识到，我的演讲主题正是我表达心声的好时机；如果让满口脏话的女同性恋谈论，被打倒、再站起来、获得成功的故事，这次机会再好不过了。

被打倒后，我们有不同的选择。我们可以躺倒在地，怒斥诅咒我

---

[1]特朗普在LGBT群体中支持率较低。LGBT是女同性恋者（Lesbians）、男同性恋者（Gays）、双性恋者（Bisexuals）与跨性别者（Transgender）的英文首字母缩略词，代表性少数群体。

们的生活，或者选择重新站起来，直面我们的挑战。

当一切都很美好的时候，成功会来得更容易，但如果在一切不如意的时候，也能成功，这样的成功就更有意义！所以下次生活让你失望的时候，不要胡乱怒斥，要直面你的挫折和阻碍，下定决心重新振作起来！

离合器画廊

我经常听到这样的消息——其他行业的人渴望在工作中发挥创造力，却得不到经理或老板的大力支持。甚至支持创造性思维的公司往往都不会为此掏钱。比如，有一次，美国运通公司（American Express）的两位工程师听完我在PHX创业周（PHX Startup Week）上的演讲后，跟我说："我们想要创建一个创新实验室，但没有场地，没人出钱；对此你有什么建议？"

你是否也曾受到鼓舞，开始创作公司的项目或活动？你有没有被告知过，公司因没有足够的空间、资金、资源而无法提供支持？无论你想创办实验室、系列讲座还是读书俱乐部，没有什么比限制更能打击人了，对吧？错了！

直面限制，我们就可以找到无限选择！

几年前，我在参观某个展览时，遇到了一位名为梅格·杜吉德（Meg Duguid）的艺术家，同时她也是该展览的策划者。但是展览并不在画廊或博物馆举行；由于资金不足，关系不够，展览无法在实验场所举行，于是她决定策划一次与众不同的展览。该展览被称为离合器画廊，她称之为"在梅格·杜吉德的钱包中心一个25平方英寸（约1.6

平方分米）的地方"。最初，我为在钱包里策划艺术展览的这个荒谬想法而大笑不已，后来我在她打开钱包、关闭钱包的示意动作中（与踩离合器相似）看到了她天才的一面。她没有让艺术世界的限制阻碍她的策划。她反而利用了这些限制条件！

高效反叛法

1. 在令人意想不到的地方建立创新实验室。

2. 组织进行实验。

3. 邀请同事参与并促进实验室的发展。

直面紧张

你害怕公共演讲吗？如果是，那你和大多数人一样，大多数人都害怕公共演讲。公共演讲是大多数人最害怕做的五件事之一。但他们在工作中需要时不时以某种形式公开发言。没有什么比鼓足勇气公开演讲、做报告或者做推介更难的了……手机响了，有人咳嗽了，你的幻灯片出问题了，你的大脑一片空白，你开始一遍又一遍地说"嗯"。这声"嗯"熟悉吗？

许多出色的公众演讲者都会给出以下建议：将紧张情绪转化为兴奋！他们都是精力充沛的外向者，又具备多年的演讲经验，这对他们来说，当然是小菜一碟了。而我更偏向以下建议：直面紧张。不要试图隐藏或否认你的怯场，利用你的紧张情绪与你的观众建立联系。

我曾经教过一位十分恐惧公共演讲、非常内向的执行董事。她告诉我："我知道公共演讲是我工作的一部分，但我很害怕在人们面前说话，我站在那儿时，甚至都不敢看他们。"我说："那就不要看台下的人。"于是我建议她从背对着观众演讲做起，不要试图掩盖紧张急促的呼吸，并对着麦克风说："面对观众，你是否感到过于紧张？没错，我也会紧张。"

无论你害怕公共演讲，害怕开始一份新工作，害怕谈判加薪，还是害怕邀请某人约会，至少有80%的人在做这些事情时，很可能跟你一样紧张。所以不要抗拒紧张，学会直面紧张，向观众展示我们诚实、不完美、平凡的一面，就如同他们一样。

CREATIVE
TRESPASSING

第十三章　擅自闯入公司野餐

不要坐等着机会降临……站起来，抓住机会！

——企业家、慈善家，C.J.沃克女士（Madam C.J.Walker）

　　我的父亲不是会正儿八经、朝九晚五地工作的人。他既没有公司，也从未在公司工作过。他不怎么喜欢别人的公司。有一次，他偷了公司的一辆车，但这是另一回事了。于是1983年的某一天，爸爸居然要接我们去参加公司野餐，当时12岁的我和我的双胞胎兄弟以及10岁的妹妹都感到很困惑。

　　那一天，父亲开着1970款的深棕色凯迪拉克（Cadillac Eldorado）轿车，滑行着停到了路边，我们三个人一听到熟悉的喇叭声（奇怪的是，他的车跟他一样有纽约口音）就跑到外面，想到要和潇洒的爸爸一起冒险，我们都兴奋不已！

　　我的双胞胎兄弟和妹妹翻进了后座，散发着快餐和失业气息的破烂皮革被胶带粘连起来，胶带看上去很陈旧了，不断磨损着两边的皮革。我成功翻进了前座，摇下车窗，迎面吹来凉爽干燥的微风，好像在诉说着无限可能。

"我今天要带你们去一个特别的地方。"爸爸说完，不知为何还调整了下破破烂烂的后视镜，经过多次损坏和修复，后视镜调整的范围也仅限于往左或者往右大约1厘米。

"要去买椰菜娃娃玩具（Cabbage Patch doll）吗？"我妹妹憧憬地问道。

"不，可比那有趣多了，"爸爸说，"我们要去参加公司野餐！"

我们三个人齐声尖叫："耶！"

现在回想起来，当时我们并不知道这两个词——公司、野餐——意味着什么。我不知道为什么我们当时对于公司野餐这么兴奋。但如果爸爸很兴奋，那我们也会跟着兴奋起来。再加上，我们当时都还小，所以除了争吵着看哪部卡通片之外，那天并没有太多其他事情可以做。

到了公园，爸爸突然下车，从后备厢里拿出了一条刺痒的格子毯并把它夹在胳膊下，说："好了，孩子们，我们走吧！"

爸爸走得很快，通常在他准备去拉斯维加斯（Vegas）时，才会像现在这样带着目的性和紧迫感地走路。我们尽力跟上他，脚下一刻不停。

走着走着，远处有些东西引起了他的注意。"快来！"他说，而且开始走得更快，接着变成了狂奔。

虽然我们跑得上气不接下气，但是想知道我们会被带到哪里去的好奇心驱使着我们继续跑下去，最终我们停在了一个巨大的蓝白色标志下，上面写着：欢迎来到摩托罗拉（Motorola）公司的野餐！爸爸站了一会儿，双手叉腰，看着标志，目光中带着敬意。"孩子们，拿点热狗和苏打。我们就在这野餐！"

"呃……爸爸，你不是摩托罗拉的员工。"我说道，但这番明知故问来得太晚了，因为爸爸已经拿着有一只脚那么长的热狗并且兴奋地在上面扭扭歪歪地涂了一层厚芥末。

我的爸爸为了吃到免费热狗，真的堂而皇之地擅自闯入了一家公司的野餐活动吗？更糟糕的是，他还利用无辜的孩子们作为同谋？他还有丁点尊严吗？他这样做是对是错？！

思考完这些存在主义问题之后，我闭上了眼睛，开始用我所知的唯一方式祈祷。"亲爱的上帝，是我，塔尼亚。今天下午3点，能不能给我一个不那么尴尬、收入更加稳定的新爸爸？就这样。哦，也许还可以给我一只沙皮狗陪我玩玩。谢谢了。"

当我的眼睛睁开时，我看到有几个"爸爸"开心地在草地上弹跳，马铃薯袋一直套到他们的腰部。也许其中一个是我的新爸爸？我仔细看了看，果真看到了他——不那么道德的爸爸。我爸爸套着马铃薯袋，正在和摩托罗拉员工比赛！尽管汗水沿着他的脸庞流下来，几乎快要暴露那天早些时候他用睫毛膏填充的八字胡，但是他看上去很强壮，甚至可以说优雅，就像多年来他赌马时押注失败的马一样。

摩托罗拉公司的男职员们体力不支纷纷倒地，但是我的父亲并没有减速的迹象。这些年来曼哈顿（Manhattan）出租车司机的经历显然在此刻帮助了他。挑剔的摇滚明星，死亡威胁和其他司机的侮辱鄙视，挥之不去的呕吐味，隔夜开车，他遭遇的一切似乎锻造了他体内的勇气和韧性，让他得以在柔弱的公司职员面前占上风。

很快，还在草地上比赛的人变得越来越少，只剩下两名选手：爸爸和一名公司职员。我几乎可以听到脑海里体育节目主持人不断讲解的声音：看起来爸爸领先……现在是另一个人领先……现在爸爸领先……另一个人……爸爸……另一个人……爸爸……另一个人……

邻近终点线，爸爸身体前倾，这时横跨了整条终点线的蓝色冲线仿佛主动拥了上来。我整整为他骄傲了3秒钟。因为到第4秒时，我觉得附近烧烤架里飘出的烟雾快要呛死我们这两个极度兴奋的人了。

我把弟弟和妹妹都叫了过来，准备一起迎接这位套土豆袋赛跑冠军。但我发现他已经和那群男职员们喝啤酒喝得乐不思蜀了。他在职员面前讲故事，骂骂咧咧，手舞足蹈，只有从未在公司工作过的人才会那样做。然而那群人也笑着听擅自闯入公司野餐的爸爸胡扯，仿佛他不仅仅是一位同事，也不仅仅是摩托罗拉的一名老员工，而是一位疯狂的CEO。

其实，这样的事情时有发生。我童年的大部分时间都在为我称之为父亲的人的随机反叛行为（对我来说并不是随机反叛行为，好吗）而感到尴尬。我都不想提他如何偷偷把我塞进女童军（Girl Scout）——连会费都没有缴纳——的事情了！我只想说——感谢上帝——幸好女童军的行为准则里明确指出："友善并乐于助人。"所以我并没有被赶走，否则他们有权利拿走我那顶由腰带做成的薄荷绿贝雷帽。

但是我从父亲的反叛行为中学到了很多技能应用之道，实际上这对于我在职业生涯中有幸获得的大部分成功都起了重要作用（虽然我从来不向他承认这一点）。我知道你在想什么，塔尼亚，你父亲鬼鬼祟祟的小伎俩除了能在监狱发挥用武之地之外，难不成还可以帮助改善工作和生活吗？这个问题很合理，但是我父亲身上有一点很有趣。通常，他很擅长把自己的常规技能应用于非常规之处——这也是我们在工作中需要一直做的事情。无论我们要争取一个新客户，开始一份新工作，还是谋求升职，我们都需要评估我们的技能，并了解这些技能如何以及何时在不同的情景下发挥作用。

拿我爸爸来说，他擅长欺骗，用魅力消除不满，无视权威，批判性思维，以解决问题为导向和战略性规划。他使用这些技能让他和他的孩子们获得了免费的热狗，并且让他有了为套土豆袋赛跑冠军而吹嘘的资本。

如果你仍然不相信，这位野餐入侵者的技能应用之道可以让人变得优秀并保持领先，那么也许你会被这个故事说服，我曾经合作过的CEO从自己小时候某次偷偷摸摸的经历中找回了创造力并把那次经历中用到的技能都用于提高自己的公司领导力。一家艺术公司的CEO与我联系，让我帮她找回她的创造力。作为一个大型公司的新领导人，她因为没有具备"领导所需的所有知识"而感到没有安全感。最后，她向我承认，选择更重视领导力而非创造力，是因为考虑到按常规办事会使她看起来更有经验，更有领导力。她不相信创造力能让她成为优秀领导者，所以她选择对抗自己的创造力。

她一直都是一个富有创造力的人：作家、戏剧导演和表演者，但在领导一个公司时，她的想象力被由指标、数据和预算组成的汪洋大海吞噬了……天啊！问题是，压抑她的创造性自我，让她以及公司上上下下都"没有丝毫灵感"。在帮助她找回创造力时，我让她列出小时候做过的所有偷偷摸摸的事情。接着我让她从中挑一个让她印象深刻的事情详细说一说。她选择了那个圣诞节恶作剧——因为就发生在圣诞节。

她说当她还在蹒跚学步时，就有很强的好奇心并且足智多谋。因此，当她到6岁懂事时，她就想到如何利用自己的聪明才智做一件对她来说最重要的事：提早看一眼她的圣诞礼物。

所以在12月一个飘雪的夜晚，她等到父母睡着后，悄悄地走到楼下，把圣诞树下所有写着她名字的亮晶晶礼物都拿走并带回她的卧室，一个个打开，每个都看一眼里面装了什么，再小心地将它们重新包装起来并放回树下，就好像什么都没有发生过一样。

她给我留下了深刻的印象，我也告诉了她我的感受。但我知道，她还不明白童年的淘气与她目前的困境到底有什么关系。于是我让她列出在执行那个圣诞使命时需要的所有技能。她列出了以下内容：

观察力（必须仔细观察并记住礼物的正确包装方式以及树下的摆放位置）；

速度和敏捷性（所以才不会被抓住）；

冒险能力（因为我很容易被抓住）；

公共演讲的能力（我必须仔细斟酌我的语言，并且当我在爸妈前面打开礼物，他们问我有多喜欢礼物时，我必须说得令人信服）；

好奇心（因为我想知道礼物是什么，所以我才决定探索）。

接着我让她写下一名成功的领导者需要的所有技能。似乎得到了某种暗示，她列出了以下内容：

观察力（查看计划要求，确定其优先级并成功完成目标，坚持公司宗旨，履行公司使命）；

速度和敏捷性（在快节奏的环境中抵抗工作压力的能力，引导优秀的想法、良好的人员结构以及做事流程不断改进）；

冒险能力（培养实验和创造的文化）；

公共演讲的能力（作为该公司的发言人，需要向所有利益相关者传达公司使命和愿景并激发他们的新参与）；

好奇心（不断学习并分享建立创新项目的方法以及在工作中发挥创造力的途径，为员工的学习和分享活动创造更便利的条件）。

你明白了吧。她也懂了。

正是我们的创造力让我们与众不同，它们是我们最大的独特之处。所以我们为什么一直在老地方寻找创造力呢？我们应该广撒网，寻找在办公室以外使用创造力的各种方式——再将那些技能偷偷运用到我们的工作中。所以，哪些创意技能还没被你发现？哪些技能由于竖井心理①作祟而被你认为是"童年恶作剧"？想想所有你在孩童或青少年时期（或者作为一个有三个孩子的轻度赌博爱好者）做的偷偷摸摸的事情。你偷偷溜进了电影院？从父母的酒柜偷偷拿酒喝？开着家庭汽车去兜风？擅自闯入公司野餐？因为你妹妹偷了你的杜兰杜兰（Duran Duran）乐队海报所以偷偷扔了她的牛排？那都可以，我不会批评些什么。也许你学到了承担责任，坦白认错（当然是在那个小飞贼恶人先告状，而你妈罚你一个月不出门之前认的错），这也是领导者的重要技能。

现在说吧，你在简历中漏写了哪些恶作剧？你永远不会想到在求职信里写什么？是你获准实施的疯狂想法和大胆的解决方案吗——虽然可能没有成功，但激发了你和其他人心中的创意，引领你们提出

---

① 竖井心理（silo mentality），指死脑筋，当团体内产生竞争时会出现这种心态，这种心态着重于规程而非功能，将导致团队效率降低、时间浪费。

更好的想法和解决方案？是那些让你发笑，让你感到轻松惬意的错误吗？是你在工作中的休息时间里，与其他人玩乐而且让他们快乐一整天的经历吗？无论你的随机反叛行为是什么，我保证，你都能从中找到你的特殊技能，为你的日常工作注入想象力、带去欢乐，甚至把圣诞节偷偷摸摸做事的那一套都带进工作（合法，当然还得在人力资源部门的许可范围内）。我保证，这样做会让你更有灵感，更有趣，并成为更优秀的领导者。

高效反叛法

1. 列出你在童年做的所有恶作剧。

2. 思考完成这些恶作剧需要的技能。

3. 利用那些技能改变你在工作中的困境。

做长远打算

之前提到的事实证明，我的父亲在赌博方面的"成就"着实令人惊叹，但是在普通工作方面就不尽如人意了。然而，1976年的夏天，他找到了千载难逢的就业机会。据说，靠挨家挨户卖牛排每天可以赚100美元，而且无需经验！尽管他得从纽约大老远地搬到亚利桑那州，但是为了抓住这个大好机会他义无反顾地这样做了，他要成为一名企业家，要成为全球肉类零售业的颠覆者。工作的第一天，他在90华氏度（32.2摄氏度）的天气里跑来跑去，或者更确切地说是走路，推着冰箱推车卖牛肉。问题是，当他出现在人们的家门前，一打开冰箱门，里面是生牛肉块而不是冰淇淋时，嗯……你可以想象孩子们失望的表情。大约3小时后，他连一块牛排都没有卖掉，我父亲决定今天的工作就到此为止，于是径直前往赛马场，在那儿赚了200美元后，他迅速辞去了这份新工作。当我问他，是否从这次极短暂的工作经历中学到些什么时，他回答："你可以吃牛排，但不要试着挨家挨户地卖牛排！"

好吧，虽然我父亲不是现代孔子，但是我不得不承认，这个特别的格言别具智慧：在没有结合更远大的目标进行考虑之前，不要接受任何一个闪亮诱人的机会。

如果现在有一个可能让你离梦想职业更近一步的机会，就像夏天在亚利桑那州挨家挨户销售冷冻肉那样看似千载难逢的好机会，你会不会倾向于接受那个机会，那个任务、项目、工作或者岗位？当你远离梦想时，你要注意了。为新机会冒险并不总是一个坏主意，只要它有机会让你培养技能，建立关系，激发激情，积累经验，而不是脱轨——和你的长期职业目标脱轨。

CREATIVE
TRESPASSING

第十四章 提升倾听的能力

沉默不等于失声。沉默是一种专注。

——表演艺术家、编舞家，埃内斯托·皮若尔（Ernesto Pujol）

设想下，你生日时，别人送了你几张音乐会门票。虽然你从来没有听过现场表演的古典音乐，但你觉得这是一个很好的尝试机会。你到了音乐厅，在一群音乐会爱好者之间找到了自己的座位。当你安顿下来后，你会发现略微高出地面的舞台上只有一架钢琴。所有迹象都表明这是一场钢琴独奏会。几分钟后，一大群观众开始找座位，翻看表演单，沙沙声不绝于耳，接着低沉的闲聊声慢慢减弱了。灯光暗淡下来，表演开始了。你全神贯注地坐着，等待表演者登台演出。突然，停电了。音乐厅开始震动，气氛紧张，一触即发。

然后灯亮了，一位穿着礼服的绅士走上舞台，坐到钢琴旁，精心整理他的乐谱，接着从口袋里拿出秒表，按下秒表按钮，坐直身子看着观众。他抬起钢琴盖，钢琴的黑白键露了出来。他低头看着琴键，看了好一会。他并没有弹钢琴，而选择把琴盖安静地合上。他抬头看着那些乐谱，然后翻了一页，仿佛他刚刚弹完一首曲子并且打算继续弹奏下去似的。他安静地坐了1分钟左右，再次打开了琴盖，仅仅看着琴键而不触摸它们，随即又翻了几页乐谱，合上了琴盖，静坐了几分钟。他再一次看向秒表，郑重其事地按下"停止键"。最后起身离开了舞台。4分33秒的时间里没有一个音符出现，表演就这样结束了。

怎么回事？你心想。这是在开玩笑吗？音乐在哪里？

好吧，首先你得知道这首名为《4分33秒》的乐曲是由先锋派作曲家约翰·凯奇（John Cage）于20世纪50年代创作的。1952年8月29日，该作品由钢琴家、实验作曲家大卫·图德（David Tudor）在纽约伍德斯托克（Woodstock）的马弗里克音乐厅（Maverick Concert Hall）演奏。如今这首乐曲由众多表演者在世界范围内演奏，一曲完毕，观众们或欣喜或震惊，反应不一而足。

凯奇凭借着自己的创新乐曲以及独特的演奏乐器等而闻名。电动搅拌机、浴缸、瓦罐、收音机、鹌鹑的叫声还有现场观众都充当过他的乐器。但是寂静无声也可以当作一种乐器吗？肯定有些观众认为凯奇做得太过火了。但是这首《4分33秒》既不是玩笑也不是噱头，凯奇想以此转移我们对乐器（钢琴）的注意力，打开我们的思维——并且让我们竖起耳朵——音乐就在我们身边。

凯奇相信每一种声音都是音乐，关键在于怎么听。音乐的定义是，结合多种声音以达成和谐或创造不和谐，抒发情感以及传递美感的艺术形式。因此凯奇猜测，在4分33秒的时间里，咳嗽声、沙沙声、舞台灯光的嗡嗡声以及观众的闲聊声会充满整个安静的音乐厅。而这些声音就是音乐。

当我们积极倾听周围的世界时，我们就能意识到，其实我们一直在创作音乐。我们在倾听中逐渐懂得，我们是周围的一部分。倾听是一种艺术形式。

但是倾听和听是不同的。听意味着被动地感知声音，这是非自愿的，不需要为之付出努力。而倾听要求我们积极参与周围的世界。倾听时，我们必须调动所有感官，才能理解声音传递的意义。

我的朋友玛丽·凯（Mary Kay）曾经住在亚利桑那州凤凰城的繁荣街道上。从她的窗户俯瞰下去，可以看到4条车道的马路永远川流不息，就跟高速公路一样，只是这里没有出口匝道。咆哮的汽车发动机声仿佛一首交响乐，轮胎撞到坑洼里发出"砰砰砰"的声音，在破裂的沥青路上弹跳的18轮大货车不断按喇叭，极其刺耳，还有许多其他声音的加入，不管白天黑夜，这里的声音从未停歇。有一天，我和几个朋友去拜访她，我们问她怎么能忍受那些噪声。她说："去海滩就行。"我最初的想法是"她不能经常去海边"——由于她住在内陆城市，不大能看到海，她的做法可以理解。但是接着她抓起几把塑料草坪椅，放在紧靠繁忙街道的人行道上，并且要我们坐下。她说："闭上眼睛，听听海浪。"当我们积极专注于倾听和重新诠释我们周围的声音时我们发现，不是吧，这些车发出的声音听起来像黎明时分的海浪声！实在太棒了。现在每当我走在繁忙的街道上并开始向往静谧的海滩时，我就闭上眼睛，听听海浪声。

乍一看，空白页面会令人吃惊，因为它的沉默，它的空白，它的赤裸。但就像《4分33秒》的沉默让观众有机会倾听自己的音乐，**空白页面让我们得以有空间倾听自己的想法，建立联系，让我们的想象力自由驰骋。**

在现实生活中，我们倾向于打破沉默，倾向于在空白页面上胡写乱画。当我们因为害怕空白页面或者遇到创造阻碍而失去勇气时，有时我们能做的就是开始动笔写，填充空白页面。但是当我们的大脑飞快运作，脑海里一片混乱嘈杂时，我们最需要的就是平静下来，摆脱束缚，探索周围环境。有时填得过满只会让我们一无所获，但是倾听寂静却可以给我们带来意想不到的结果。

作为创造性入侵者，我们可以通过倾听和听，探索空间。因为一旦我们学会安静并积极倾听我们周围的音乐，就会发现没有空间寂静的、静止的，空洞的。当我们去创作时，那个空间可以有汽车喇叭声、是路面坑洼的碰撞声、音乐会观众的咳嗽声——或者那里可以有海浪，有想法，有乐团。

拒绝说"嗯哼"

几年前，一位同事试图向我解释新流程时，突然说到一半停了下来，她说："我再也不跟你说话了！"当然，我很吃惊，问她为什么不和我说话。她沮丧地看着我说："因为我说的每一句话之间，你都会说'嗯哼'，好像你已经知道了一切！"

真是胡说。在这发生后的几个月里，我想，她真讨厌！虽然在我辞职之后的几个月里都没看见过她，但是每隔一段时间我就会想到那一刻，在我心里挥之不去，我再想想，她还是很讨厌！多年来，我一直记得那一刻。最终，好奇代替了愤怒。所以我参加了一个我密切关注的社会实验，研究的就是人们在对话时的倾听方式。事实证明，她的观察结果是对的。我的"嗯哼"不仅会分散说话人的注意力，让他们恼火，而且还占据了所有说和听之间的空白空间——无法让说话人的信息顺畅传递。于是我马上有意识地努力省去废话，为倾听和学习留出更多空间。

当我开办工作坊时，经常会让人做一个结对练习：一个人是听众，另一个是说话人，然后互换角色。最终，两个人会一起合作解决工作场所的重大问题。当我解释练习规则时，我总是先说："听众的工作就是倾听。"通常大家听了都会哈哈大笑，接着我补充道："意思是什么话也不要说。不可以说嗯哼，不可以说是的，不可以提建议：只可以听。"参与者做练习时，我会仔细观察，无一例外，每个人都在练习过程中说了"嗯哼"和"是的"。此外，我也会观察到参与者发觉自己讲话而突然住嘴的行为。这个练习充分说明了我们会本能地插话，填补空白，甚至都不会意识到自己这一行为，同时也可以帮助人们意识到，省去废话可以为想法提供空间。

高效反叛法

1. 挑选一名搭档。要求你的搭档根据一个话题谈论 5 分钟。

2. 倾听，不要说话。

3. 角色调换。

4. 持续以上过程，直到双方都能够认真听完 5 分钟——不打断，不说废话。

倾听你的身体

当我第一次和朋友报名参加马拉松比赛时，我们是处于喝醉状态并且确信尽管我们没有任何长跑经验，但是参加26.2英里（约42.2千米）的马拉松是不错的主意，以及我们一定能在比赛时间内跑完全程，然后躺在某个人家的前庭草坪上休息。幸运的是，我很早就学会了两件事：第一，你必须跑，跑得像奥运会选手那样快；第二，如果你训练有素并且注意倾听你的身体，你的身体也会倾听你的想法，并且它能感应到在比赛当天应当如何发挥。

马拉松比赛前的7个月里，我每个星期抽出4天跑步，跑步时不听任何音乐，只关注我的呼吸声，我的脚在跑步机上跑动，心跳开始加速。每周，我都会增加跑步里程数：第一周9英里（约14千米），接下来15英里（约24千米）、20英里（约32千米），最后保持在25~28英里（40~45千米）。

当我的朋友和我站在起跑线上，发令员喊"跑！"时，我的身体毫不迟疑地飞出去了。为了跑完全程，你不能想还要跑多少英里或者已经跑了多少英里。你必须专注于你的身体，观察周围的环境。倾听长跑途中的身体需求至关重要。身体是在暗示我，多喝点水，多吃点零食吗？是在暗示我，起水泡了，抽筋了？

全程26.2英里（约42.4千米），我都专注于我的身体，大脑一点都不杂乱，很神奇。我的感官能力得到了强化，之前我只有在冥想、写作或者表演时才会出现这样的情况（还有在食欲望极其强烈的时候）。当所有不必要的想法和恐惧离你而去时，留下的是一个等待探索的广阔空间。

我们每天带着饱经沧桑的身体去工作，它可能遭受过侮辱，可能受过伤，甚至严重受伤——但我们的身体都以自己的方式保持着镇定和强大。我们这些使用身体表演的人——演员、舞蹈演员、表演艺术家、运动员——深知，我们的身体就是我们的"工具"。我们越早意识到我们身体的所有独特运作方式，我们就可以越快与它和谐相处。这就是表演者和运动员训练的原因，不断排练，练习：有压力时，我们的直觉开始发挥作用，而我们的肌肉记忆会完成其余工作。当我们的身体、大脑和目标处于同一战线时，我们就能够像足球守门员本能地阻止对方射门一样，清晰快速地应对遇到的任何挑战、处境和机遇。

我们的生活常常喧嚣嘈杂，所以呼吸、活在当下、倾听我们的身体变得至关重要。今天，你会如何倾听你的身体？即使你身体跳的唯一舞蹈就是在乘往18楼办公室的电梯里，跟着软爵士乐（Smooth Jazz），用脚尖轻拍地面，倾听你身体的声音也将有助于保持心理平静，保持专注并为创造力找到蓬勃发展的空间。要想精力十足地专注于工作娱乐，玩转世界，你需要充足的睡眠、锻炼和新鲜空气，而你的身体会告诉你什么时候做这些最合适。

无形胜有形

各种各样的艺术家、作家和创作者都在探索精简的奥秘并且努力让无形胜有形。他们的目标是向我们展示那些离开框架、脱离图片、无法叙述，但是与我们亲眼所见一样重要的东西。以下是几个例子。

在20世纪80年代中期，伊利亚·卡巴科夫（Ilya Kabakov）和艾米莉亚·卡巴科夫（Emilia Kabakov）创造了一个大型艺术装置，名为"从自己的房间飞向太空的人"（*The Man Who Flew into Space from His Apartment*）。当你步入该装置的走廊，你会看到一个钉了若干木板的门框，钉得并不严密，你可以通过空隙瞧一瞧里面那间极其狭窄压抑的单间公寓。墙上乱七八糟贴满了屋主人的东西：手绘草图，对外太空的粗略研究图纸，图纸的边缘还潦草地写着对时间、距离和日期的计算。很明显，房间的主人是一位痴迷于太空旅行科学的人。你看到石膏板碎片掉落一地。接着你被强烈的灯光所吸引，于是你沿着光往上看，看到了低矮的天花板。这时你注意到天花板上有个被炸开的大洞，而洞的下方是一双鞋和一个看起来能把人弹出去的弹簧装置。

即使你没看到屋主人从这间公寓飞入太空，你也知道他做到了。你无须查看他起飞的时间，只要有想象力和这间空无一人的房间就够了，无形胜有形，无形之中一切都很明了。

戈登·马塔-克拉克（Gordon Matta-Clark）因为大型建筑作品《无政府主义建筑》（*Anarchitecture*）而为人熟知。他会购买即将拆毁的建筑物，并且把它们对半切割或者在上面钻孔，让光透进来。他的目标不在于给这些即将消失的建筑物注入生机，而在于创造一种全新的方式，让普通人注意到原本不起眼的建筑空间。

在另一次鲜为人知的创作中，他将"夹在中间的空间"转化为艺术作品。他买下了建筑物和房屋之间的一块块小土地，由于面积太小不能建造房屋也不能停车，所以大部分未被使用而且很少被注意到（有些地方只刚刚好站得下马塔 - 克拉克）。他把这些小地方打造成了表演空间。

因为有些安静的地方太不起眼了，所以我们可能会忽略甚至都不知道它们的存在，但马塔 - 克拉克看到了其中的艺术潜力。有时候最有创造力的空间就是我们每天都经过但是小得难以发觉的地方。

高效反叛法

1. 在熟悉的地方之间寻找格外安静的空间：

　　在家和工作地点之间；

　　在你的位置和某个站着的人之间；

　　在听和倾听之间。

2. 占据这些不起眼的地方，让自己天马行空地想象。

CREATIVE TRESPASSING

第十五章 为了艺术，唤醒你的
工作文化

文化是思想的拓展，是精神的升华。

——印度第一任总理，贾瓦哈拉尔·尼赫鲁（Jawaharlal Nehru）

此时，某全球科技公司负责信息系统的副总裁和我一起坐在咖啡馆里；我正在小口地吃羊角面包，而他正在向我征求意见。因为该公司邀请了我担任公司顾问，帮助解决突发问题，没想到吧？

该公司规模庞大（市值数十亿美元）并且还在迅速扩大。很厉害，对吗？嗯，这就是问题所在：公司成长得越快，失去反叛精神的速度也就越快，而正是反叛精神让这家公司变得如此有价值，如此有活力。

副总裁问道："在公司规模不断扩大的情况下，如何确保我们的团队能继续冒险并创造颠覆性技术？"

我反问道："那贵公司目前有没有任何反叛性的流程或者可以让员工参与其中的机会？"

"没有。"他回答道。

"好吧……"我给出了建议,"在公司建立一些反叛性的流程。再聘请一些艺术家。"

副总裁听完笑了。

我不是在开玩笑。

该问题的关键点非常清楚:思想和形式两者之间脱节了。我向他解释,解决这个问题——和大多数问题——的秘诀在于理解艺术家的思考方式。艺术家所受的训练就是找到思想与形式之间的联系,内心想法与外在表现之间的联系。

艺术家也是提问大师。艺术家以好奇的目光看待外部世界,因此可以帮助我们打破根深蒂固的假设、思维模式和流程。亚利桑那州立大学(Arizona State University)赫伯格设计与艺术学院(Herberger Institute for Design and the Arts)院长史蒂文·J.泰珀(Steven J. Tepper)(由于美国文化政策涉及文化参与以及工作和职业中的创造力,所以他也是美国文化政策方面的著名作家)解释了艺术家对于企业的重要性:"常规在塑造企业文化和思维方面扮演着重要角色。实际上,常规让人很惬意,但是当我们需要扩展想象力、试验想法、模棱两可地工作时,常规可能会让我们陷入困境。艺术家所受的训练就是在这个模糊的空间里生活。为了避免常规(即使精通),艺术家也会问'假使……会怎么样'的问题。艺术家就是想象力的代名词。没有艺术家,没有有创造力的员工,公司将受制于自己的常规。"

如果我们希望看到公司的创新成果,我们就必须创造创新文化,这意味着我们需要制定战略,破坏一成不变的商业模式。而艺术家最了解如何打破常规,继续进步并保持长期的创新能力!所以邀请艺术家进入公司,肯定对公司大有好处。因为你不需要成为传统意义上的艺术家——画家、表演者、作家——就能提出反叛性的创新解决方案。而且如果你是这本书的读者，我猜你周围已经有几个（甚至很多）艺术家了，耐心等待打破常规吧。

如果你想调整公司、团队或者工作场所的文化，不要总去同一个枯竭的人才库寻找希望，你必须去真正创意人员的聚集之地。找到这些人并不像你想象的那么难，其实你多年来一直在绕着他们转圈。如果你在职场社交平台领英（LinkedIn）、招聘网站玻璃门（Glassdoor）等平台贴出以下广告词投放广告——"我们只雇用极具活力的人！""你是项目管理人中最会讲故事的吗？""你能积极接受挑战和新的思维方式吗？"或者"我们正在寻找具有批判性思维的人"，那么恭喜你，你已经在正确的道路上走了一半了。

要走另外一半路，就得看你自己如何寻找理想的创意人员。你想要招聘"摇滚明星"？那你就要参加摇滚音乐会。你想要热衷于讲故事的人？那就去剧院。批判性思维和开放思维是你公司的短板？那就去看看语言艺术表演或者逛逛当代艺术博物馆。要想找到有创造力的人，你必须自己有创意。就让这章内容告诉你怎么让自己有创意。

汲取外部力量

我很荣幸能够在某些最成功、最具创意的公司内部发表演讲，开办工作坊，比如创意品电商Etsy、3D打印公司Carbon、搜索引擎优化技术服务公司Moz等。这些公司深知联结思想和形式的重要性，所以他们创建了系列演讲、专题讨论会和分享交流会，建立了企业内部大学，让朝气蓬勃的公司员工有更多机会接触到公司外部的创造性学习机会和想法。

　　这些活动不是蹩脚的公关策略或者人力资源计划，而是交流思想、培养求知欲、孕育洞察力的肥沃土壤。其中一些公司邀请了足球明星米娅·哈姆（Mia Hamm）、互联网开拓者本·希伯尔曼（Ben Silbermann）、媒体女王阿里安娜·赫芬顿（Arianna Huffington）、作家兼媒体理论家道格拉斯·洛西克夫（Douglas Rushkoff）、创意爱好者卡里·查宾（Kari Chapin）等各个领域的众多反叛者，分享他们多样化的见解、经验和思考世界的方式。这些公司深谙，邀请局外人进入公司文化内部，有助于保持公司员工的灵感，有助于员工摆脱思维困境并制定新想法和行动。

高效反叛法

1. 创建系列讲座、分享交流会或者用户专题研讨会。

2. 邀请的演讲人和参与者要来自不同领域。

3. 接受局外人的见解。

4. 利用那些见解在公司内部引发创意。

招聘局外人

　　把想法和形式结合得最完美的是澳大利亚一家宜家分店的一场招聘活动。宜家在澳大利亚新开了一家分店，急需人手。在广告公司Monkeys的策划下，宜家提出了招聘计划"拆开箱子"（out of the box）。

宜家详细撰写了规划职业生涯的说明书——包括如何申请宜家工作岗位——并且发布说明书的风格都很"宜家"。把打印好的说明书一并放入箱子里，寄给顾客。最终，宜家的招聘团队发现，根据说明书前来的应聘者正属于不擅长拆开家具包装的那类顾客，也正是可以帮助调整公司文化的局外人。宜家招聘团队的做法无疑是正确的——没用多久，宜家就收到了4000多名创意人员的求职信并成功招聘了200多名员工。

想招聘摇滚明星？那就去摇滚音乐会吧！

对我们大多数人来说，"企业"这个词完全不会让人联想到朋克摇滚。对许多创意人士来说，它已经成为一个肮脏的词，等同于灵魂麻木、压迫、贪婪以及有权有势的恶人（但那正是我们需要的）。你想象一下公司给人的印象吧，一群穿着西装、神情紧张的高管站在一座摩天大楼前，微笑着，抬起大拇指仿佛在说："我讨厌我的工作，但我仍然希望做好这份工作，这再好不过了！"所以你可以想象，当我发现一家进入《财富》世界500强的巨无霸公司的副总裁在现实生活中居然是一名摇滚明星时，我有多惊讶了。

事实证明，瑞恩（Ryan）的摇滚血统在担任美国房地产经纪公司的副总裁时发挥了重要作用：他曾多年混迹于环境糟糕的廉价酒吧，也曾在数千名脸上穿孔、留着鸡冠头发型的观众面前表演了数年的摇滚音乐，所以他如今能够游刃有余地与开发商和房东谈判。

现在，作为一名高管的他每当演讲时，就把演讲当成一次现场表演。"演讲时，我把自己看作一个艺人，要加强与观众的互动，让表演变得有吸引力，"他说，"我在舞台上的表演经历为我的演讲能力打下了良好基础。"

但他的摇滚明星人生不仅仅教会了他如何吸引观众，还让他学会了足智多谋，学会了自己处理各种问题。在如今的工作中，这一技能也时常用到。20世纪90年代的朋克表演现场，艺人没有经理，没有经纪人，没有营销顾问；如果你想要创建一个乐队，巡回演出、出唱片、出售T恤以及预约演出日期，这些事情，你只能自己想办法，别无选择。"经营乐队的经历迫使我尽早熟悉商业技能，"他解释道，"我要负责预定演出日期、计划巡回演出、管理乐队财务、和促销员以及唱片公司搞好关系等事务。到目前为止，我仍然认为要自己多动手，这就是我的职业生涯发展方式。"

瑞恩还在独立朋克的表演现场发现了队伍多元化的价值。"那时候，我不是那种很擅长体育运动，善于打交道，特别受欢迎或者很有钱的年轻人。在朋克现场，无论你是谁——种族、性别、性取向、外表、收入——都不重要；重要的是音乐把不同的人都聚集在一起。多元化的群体使现场表演更有力，演奏更出色！现在，在创建企业团队时，我依旧看重多元化的价值。在同质环境下工作，既乏味，效率又低下。多元化能带来更好的工作成果！"

所以，如果你想雇用一名拥有"管理经验"和"创业精神"，擅长"公共演讲"，能"在会上代表公司发言"的摇滚明星作为公司员工，那么是时候走出去看看，找找真正的摇滚明星了。毕竟，每个具有反叛精神的公司都需要一个朋克摇滚歌手！

高效反叛法

1. 组织看戏剧表演、舞蹈表演、参观博物馆或者听音乐会等团建活动。

2. 在观看以上的创造性活动时，体会学习其中的价值。

3. 讨论如何将学到的深刻见解应用于具体工作。

奖励：把剧作家、编舞家、艺术家或者作曲家邀请至公司，找到把他们的工作和公司的商业目标联系到一起的共同点。当你从他们身上发现了三处及以上的共同点时，就雇用他们。

停止寻找专业对口的人，找找有副业的人吧

有一段时间，我的简历里写满了艺术方面的创造性成就，而关于商业方面的却寥寥无几。即使我很幸运地参加了一家传统公司的面试，面试官也会毫不犹豫地问："嗯，看起来你很有艺术气息……但你目前还没有任何在公司工作的经历，做一份朝九晚五的常规工作对你来说很难吗？"我会礼貌地回答："不困难。"

但我真正想说的是：天啊，一点都不困难！我都是朝九晚九地工作，周末也不例外！艺术家的工作就是如此。我们不会把我们的想法留到周一再实施，不会指望想法自我优化。我们是内容的创作者、营销部门、会计师、销售团队、前台员工、实习生、设施经理以及三明治外卖员——我们一直加班！但是你猜结果怎么着？有时，这些工作带来的收入都不够养活我们自己，所以我们要出去做一份和艺术并不

相关的工作。比如咖啡师和剧作家，研究助理和演员，工程师和小说家，会计和舞蹈家，办公室经理和歌手，CEO和喜剧演员。当时尚商业出版物还在告诉人们"如何开始做副业"时，艺术家们老早就在准备多场演出了！朝九晚五？拜托，简直就是带薪假期，好吗！

嘿！谢谢你让我说出我的心里话。这番咆哮的目的是什么？对于那些负责雇用的人，请考虑一下放弃交友软件Tinder（根据共同兴趣和关系网等推荐匹配爱慕者的交友软件，相当于国内的探探）风格的招聘方式——你有工商管理学硕士学位，我们正好需要拥有该学位的员工。你应该左滑拒绝才对！不要寻找完美匹配，去找到有意义的不匹配。问问应聘者的兼职副业是什么，也许一名数据分析师的副业是电子游戏设计师，或者业余时间写剧本的公关人员正是能够提升你的团队水平、促进公司发展的人。有时最合适的人选可能表面上看起来并不合适，但正是现实生活中你正在寻找的具有创造力的上班族。**考虑给局外人，给特立独行者，给有副业的人，给艺术家，一个机会。**

让你的酷阿姨告诉他们吧！

每当我组织培训、发表演讲时，台下的参与者都听得很认真。他们之所以听得认真，不是因为我在演讲时音量大，不是因为我会像兴奋的劲量兔（Energizer Bunny）一样上蹿下跳引人注目（虽然有时的确会），不是因为他们老板的强制性规定，也不是为了回答结束后的小测验。他们会认真听，是因为我不和他们天天在一起工作。即使我说的事情非常具有挑战性，或者我说"如果你不尽快改变你的心态，你就永远不会看到你想要的创造性协作成果"，那些人仍然身体向前倾，面带微笑，似乎很中意这样的话。有时他们甚至为此感谢我！提醒你一句，我所说的可能是同事或经理已经说了无数次的话，但这正是关键：从不和你共事的人更容易让你接受残酷的现实。两者之间的区别在于：你的办公室同事会告诉你，"如果你不接受改变，你就会落后"，而你的酷阿姨会说："你不喜欢改变？这不行，来，我开着1970款雪佛兰科尔维特黄貂鱼（Corvette Stingray）敞篷车，带你兜风抽烟聊天去。"

当公司急需创意但又不知道去哪里找创意人员时，聘请顾问、教练或培训师往往是一个不错的选择，并且完全合法！

CREATIVE TRESPASSING

第十六章 让等级制度燃烧吧

我们必须把我们的想象力扎根于具体的现实，同时超越现实，想象无限可能，才能成为有远见卓识的人。

——文化评论家、作家，贝尔·胡克斯（bell hooks）

当我处于3.5万英尺（约10千米）的高空时，神采奕奕的空乘员轻拍我的肩膀，微笑着说："看这个。"她拿着麦克风，眼睛闪亮亮的，指导机舱内的每个人看向右手边的一排窗户，凝视机舱外的天空。"看到了吗？"她对着麦克风说。

空乘员停顿了一会儿，再次对着麦克风说："如果你错过了，请看向你的左边。"这次，乘客们急忙伸长脖子，喧嚷着要看刚刚错过的东西。

乘客们一个个仔细地在天空中寻找，但是什么都没看到，他们确定再次错过了"它"，于是继续小睡，看书，玩电子设备。就在那时，乘务员轻拍我的肩膀说："我们正坐在一架每小时飞行500英里（约805

千米）的飞机上，飞机没在绕圈飞行！"

事实证明，窗外没什么好看的。空乘人员只是在开玩笑，并且在这个过程中证明了哲学家终其一生都在研究的哲学问题——所有人都可以分为两类：要么是遵循无意义指示的群众，要么是拿着麦克风发出指示的人。

当我进一步审视时，我意识到，从其他方面来说，她所做的一切都具有反叛性。通常来说，只有飞行员会拿着麦克风指出飞行途中的山脉和冰川，只有飞行员才会讲笑话，也只有飞行员才会宣布飞机困在跑道上了或者发出警告提醒乘客飞机即将遇到气流。一般来说，飞行员是主唱，而空乘人员只是备用合唱团。但这位空乘人员告诉我们，你不必做那个穿着条纹套装、叫醒乘客的人，你可以开玩笑，可以拿起麦克风并掌握主导权。

这件反常的事情让我想起了一位高中朋友曾经问我的一道脑筋急转弯题。外科医生和汽车修理工，谁更重要？沉默片刻之后，她补充了一个重要细节：前提是你的车出问题了。客观上，说不上谁的技能更有价值或更重要，重要的是要了解在大多数情况下事情发生的背景。

在工作队伍中，我们都拥有独特的技能和才能。无论你的等级或头衔是什么，你会有技压群雄的时候，也会遇到技不如人的场合，这取决于手头的任务和挑战。根据事情发生的背景和团队公司的需求，有时外科医生重要，有时机修工更重要。

也许办公楼里发生管道泄漏时，维修工人的技能是最重要的。当CEO正在想方设法优化公司的社交媒体风格时，精通社交网站的营销实习生也许能帮他一把。

没有什么比公司等级制度更能扼杀想法了。对吗？哦，你需要先上报给决策者。好的，我等等。什么？你必须问另一个决策者？又一个？每个决定都要上报给每个决策者，这样的工作文化注定是办不成事的。如果你认为，制定决策在扁平化管理的公司不是问题，那么你最好再想一想。我曾在一家扁平化管理的公司任职。我想说，在那做一个小小的决定都很艰难，因为没有人愿意冒犯得罪他人，直到最后CEO匆匆忙忙地做出决定。这就是一个隐藏在扁平化管理下的等级式管理公司，制定决策的效率极其低下！不要忘记，CEO们在决定承担创造性风险之前，总是必须先关注季度数据、股票价格和工资单。而通常责任较少，职位比较普通的员工——换句话说，就是没什么可失去的人——往往拥有决定大胆创意的最大能力。

如果你要颠覆传统的等级制度，就得打破人与人之间的壁垒，紧密联系，密切协作，并为想法的孕育和成熟提供肥沃的土壤。但是我们却飞快地在工作中给人贴标签——这些人是"创意人员"，这些人是"决策者"，这些人都是"虽然在场但是没有发言权"的幕后支持人员。这种贴标签的文化会让公司的创造力消失，因为人们害怕违反他们的既定角色，害怕说错话，不敢提出可能有助于公司却超出个人职能范围的想法。

如果你问我怎么办，其实很多公司可以学习20世纪60年代激浪派艺术运动（Fluxus）。每个行业都有其规则和等级，艺术也不例外。博物馆和画廊经常被认为是艺术家的把关者，负责挑选、培养和邀请少数特殊的艺术家，把受邀者的作品挂在墙上，为其增光添彩。而激浪派艺术家一脚踹飞了这种等级制度，并创作了许多指示作品，激励每个人随时随地地创作体验艺术。激浪派艺术家借用了音乐界中的"乐谱（scores）^①"一词来称呼他们的作品，因为他们的目的在于鼓励人们进行自我创作并自我表演。

这是激浪派艺术家乔治·布莱希特（George Brecht）的作品：

练习
确定对象或事件的限制
再更准确地确定限制
重复，直到无法进一步精确

［想欣赏激浪派艺术家的更多"乐谱"，如小野洋子（Yoko Ono）、杰弗里·亨德里克斯（Geoffrey Hendricks）、艾莉森·诺尔斯（Alison Knowles）、白南准（Nam June Paik）等，请查看本书末尾列出的推荐资源。］

以下"乐谱"的灵感来自布莱希特，该作品是为了纪念我最喜欢的餐厅。该餐厅的老板们有一天意识到，洗碗工也应该像餐厅经理一样有一个家，所以他们决定给每个人支付相同工资！

源源不断的脏盘子
源源不断的不满意顾客
确定哪些员工比其他员工更重要

---

① 激浪派艺术家的一种常见做法是做"事件乐谱"（event scores），或者叫作"指示作品"。它们作为行为艺术的脚本通常只有几行文字，由一些说明构成。呈现一些"以事物/行动写诗"的作品。艺术家艾莉森·诺尔斯（Alison Knowles）认为"事件乐谱"涉及将简单的行动、想法和日常生活中的物体，重新赋予语境，转化为行为艺术表演。

确定哪些员工应该拥有房屋

相应地调整工资

无论艺术商业还是商业艺术，**为了获得创造力，都需要冲破既定角色，认可人们的独特能力，允许每个人上台拿着麦克风发言。**

颁发官方奖、非官方奖

领导力不是成为领导后就能有的。领导力无关名利、荣耀或所有权。成为领导者的关键就在于，要有存在感。我们不必成为正式管事的领导；领导力就在我们之中，就藏在我们日常要做的（或可以做的）工作里。如果你能在工作中支持他人，具有同理心和创造力，善于沟通，甚至能够鼓舞人心，那你就已经具有领导力了！

问题在于，许多公司没有充分认可非正式领导们的贡献。他们不仅在会议上说笑话，调动气氛，在工作中深化协作，给生病同事发慰问卡，还会支持工作队伍的多样性和包容性。公司会颁发本月员工奖、最佳销售业绩奖等奖项，但那些用自己的创造力、同理心和奉献精神，同样为公司做出贡献的非正式领导们呢？为什么他们不能获得奖励？行，作为非正式的领导者，我们可以给他们颁发非官方奖！我们不必在奖项上面加官方标志并等待营销部门审批复印件，不用等待人力资源部门的审核，也不用在全体大会上审议。为什么要等着某个官方领导来认可每一天都在鼓舞人心的优秀员工呢？

高效反叛法

1. 确定获奖者。

2. 确定奖项名称。

3. 给获奖者颁奖。

4. 重复以上行为（经常性）。

这个奖项可以颁发给没有正式领导职位，但是经常用自己的善良、风趣和创造力激励他人的优秀员工。确定奖项名称之后，你就可以把奖项的名称从工作用纸上剪下来，或者缝在茶巾上，用邮件发出去，也可以潜入获奖者的办公室，把奖项名称作为获奖者的屏幕保护程序，或者只是把名称打印出来，交给当之无愧的获奖者！

我举几个例子，比如，包容远见奖、调动会议气氛奖、想象力合作伙伴金奖！奖品是一张由公司储物柜里偷出的信封做成的获奖证书，同时在颁奖时一定要强有力地握手，有目光交流，微笑，打心底里地欣赏，因为你值得！

当你开始这样做了，就可能发现到处都有获奖者！那个在你纠结到底点豆奶还是杏仁奶时，不顾后面顾客的抱怨，仍然耐心为你服务的咖啡师；那个拿自家花园的蔬菜做菜给学校孩子们吃，确保你的孩子以及其他孩子得到充足维生素C的学校厨师；那个每当看到你为了坐车而狂奔时，都会等等你的公交司机……任何为帮助别人而给予的额外关心，无论是举手之劳还是救命之恩：都是领导力。

给出你的赞赏！

我觉得这个星球上没有一个办公室的储物柜里不放着一辈子都用不完的便利贴。便利贴就像是纸中的创造性入侵者。它们色彩鲜艳，吸引人们的注意力，提醒我们注意可能会忽略的东西。而且便利贴有黏性！

很久以前（20世纪80年代），公司还做不到把工资直接转到员工的银行账户（我知道这难以想象，但是闭上你的眼睛，努力想象下）。当时，一家公司的每个员工在收到真实的薪水支票时，还会收到创造性入侵者丹·泰尔在支票上粘的一张便利贴。作为公司的创始人兼CEO，他会在发支票之前，把支票都拿过去，在每张支票上贴一张鼓舞人心的便利贴，在上面写些赞美鼓励的话。直到今天，收到过便利贴的人还记得收到支票时看到便利贴上的个性化评语有多开心。从那些评价里，他们知道自己没有被忽视并且感受到了重视和支持。

不幸的是，大多数公司的规定决定了想赞美也要等待人力资源部的批准，或者只有做了非常了不起的事情时，才会得到嘉奖。但丹看到了为赞美而打破这些强硬规定带来的价值——看到了赞赏员工的每天奉献和热情的价值。最终，员工们不把工作看作苦差事了，因为工作其实并不难，而且有时候，你是守着岗位，还是努力工作，还是要辞职，领导都看在眼里并予以支持和尊重。

相互让步，达成合作

我在上大学时参加了一个名为戏剧合作的课程，由著名的戏剧导演马歇尔·W.梅森（Marshall W.Mason）授课。5位剧作家，4位导演和20位演员参加了这门课程。我们的任务是：1名剧作家、1名导演（随机选择）与4名演员合作设想一个10分钟的剧本，并且写下来，在课堂上表演，而且每个人都要参与其中。很快，我们几个剧作家就被那些厚颜无耻、坚持自己写剧本的演员给惹火了，导演们精心编排的场景动作也很快被演员们否定了，而演员们觉得没人在乎他们的想法。

这项任务引发了激烈争论：合作过程中到底哪一方才最重要？当然，我们剧作家认为自己最重要，因为没有剧本，就不会有戏剧。但是演员们争辩说，如果没有他们，剧本只是一堆纸。而我们中间的导演们指出，如果没有导演，一切都是混乱的。如果没有布景师，我们就不能进入戏剧中的场景和时间，而如果没有舞台经理，什么事情都做不成，甚至你必须自带零食！很快，我们意识到，如果我们要完成课程任务，我们就不得不放弃自以为的等级制度并相互让步，达成合作。

剧院里没有等级差别。只有当所有元素聚集在一起时，才是一个完整的舞台；如果一个缺失或者一个太突出，就会破坏整体。我们去观看戏剧表演（或任何现场表演）时都会受到触动，或在黑暗中发笑，或与其他观众一起大哭，总会有情绪的变化。但当有人在舞台上或者在后台强调等级优先级，想让别人都以他为中心时，观众们就无法身临其境，受到触动，并且会发现其中的缺陷与不足。

工作和舞台表演的道理一样。不要拼命凸显自己的部分，别想着万众瞩目，更别想窃取成果，我们要做的是学会共同创作，让成果熠熠生辉。

引领 10 分钟的创造性革命

曾经有个同事，以号召办公室同事做锻炼为己任，经常在办公室里跑来跑去大喊："运动时间到了！"在风风火火的 10 分钟里，那些希望暂时抛下一切并活动身体的人会一起聚集在办公楼的中间，跟着我同事一起运动——从伸展运动到开合跳。太开心了。但实际上，没人允许我同事这么做，但他就是这样做了。谁会抱怨？我们没有损失任何客户，没有占据我们这一天执行重要项目的时间，我们没有偏离工作。而且我们变得活力十足，变得更加灵活了，并重新找到了工作的乐趣。其实，任何人都可以每天引领 10 分钟的创造性革命。

高效反叛法

1. 从你的办公室里招募一些创造性入侵者并让他们轮流带头决定创造性的 10 分钟休息时间。

2. 每天一位带头人决定活动形式和主题。

3. 举例：

a. 不间断写作，主题是：你的名字有什么故事……开始！

b. 不间断绘画，主题是：你的第一只宠物……开始！

c. 不间断跳舞，嘻哈风，社交舞，霹雳舞，踢踏舞或者电臀舞……开始！

CREATIVE TRESPASSING

第十七章 重构责备思维

莴苣种好后，要是长势不喜人，别怪莴苣本身。

——和平活动家，释一行（Thich Nhat Hanh）

　　在我职业生涯中的某段时间里——虽然不是我想要吹嘘——我觉得自己就是国王，就是王后，就是专门责备他人的宫廷小丑。那时候，我特别擅长把自己事业的不顺怪罪到他人身上。

　　但是，嘿，这都不是我的错！这是我母亲的错，因为她鼓励我的个性化，却从未教过我如何与沙盘里的其他孩子一起好好相处玩耍。这是我父亲的责任，因为他唯一能坚持做的工作就是赌博：没有树立承担责任的好榜样。我会成为这样一个以侮辱别人为乐的混蛋，都是我老板的错，因为工作多得永远做不完而且工作氛围乏味无趣。我就是看不惯公司新来的员工，就是不喜欢他的态度。我的同事都不在乎我的想法。我的座椅坐着很不舒服，导致我无法完成任何事情。我甚至都没有团队！等我有团队时，他们也完全不支持我。而事实上，我

183

讨厌整个公司。我不得不加班到很晚。没人回复我的电子邮件。工作系统速度慢，效率低。工作太无聊了，我不可能有创意。我没有得到应得的报酬。所以我就做给他们看，在工作上能少做就少做。这是他们逼我的，是他们让我无路可走。

然而，事实证明，真正让我陷入困境的唯一一个人就是老了的我。在我决定对我工作生活的痛苦负责的那一刻，我重拾了对生活的主导权，我要改变我的命运。说实话，我很欣慰自己能认识到，我们掌控不了生活中的大部分事物。但我们能决定，是让埋怨责备随风而去还是让它继续消耗我们。

有一次，在接受心理治疗期间，我的治疗师打开了她的手，手掌向上，对我说："这就是放手。"然后，她把手翻了过来，手掌朝下，说："这就是放弃。"关键是：放手和放弃之间的区别只在于手腕的翻转。这很简单。但手掌朝上意味着自由，手掌朝下等于继续陷在困境之中。

要想恢复个人自由，其实你不一定要去看心理医生（虽然如果你有健康保险，我会强烈推荐你去试试，心理治疗真的很牛）。这一章会告诉你，如何在既不花自己的钱也不用保险的情况下克服责备和抱怨心理。

当然，很多时候——我们的椅子不舒服，同事们没有回复电子邮件，我们没有得到应得的工资——不完全是我们的错。但是不要责备，我们可以说出我们的需求，向相关人员和公司问责，捍卫我们应得的东西。责备和问责有区别：问责有开始、过程和结束，而责备是永恒的。是时候彻底克服责备思维了。**责备的借口枯竭之日就是体验创造力涌流之时。**

高效反叛法

1. 拿出一张纸，列出所有你在工作中真实遇到的不公平、不公正但并不粗暴的待遇。

2. 写下所有别人让你在工作中不开心、不自信、没有想象力的原因。

3. 现在把这张列表一路护送至最近的火源、碎纸机或者垃圾桶。

如果你觉得无聊，你就会很无聊

每当我婆婆的孩子抱怨："没什么事情可以做。我很无聊！"她就会说："那你一定很无聊。只有无聊的人才会觉得无聊。"听起来有点刺耳，但她的三个孩子长大后分别成为国际公认的艺术家、探险公司的创始人兼CEO，以及致力于改善世界贫困儿童生活的全球非营利组织的创始人。我不禁认为他们的成功很大一部分要归功于从小接受的教导，即无聊是一种选择。我的婆婆不会让她的孩子置身事外，等着世界唤醒他们，她会鼓励他们通过阅读、玩耍、思考和探索的方式主动认识周围的世界。

我在培训中成功使用了这个策略。我的一个客户在工作中极度劳累。曾经给她带来快乐和满足感的工作任务，现在在她眼里，就是一堆麻烦。她怀疑自己是否需要换一份工作或换一种生活，或两者都要改变。当我问她为什么对自己的工作不满时，她沮丧地耸了耸肩，说："我只是觉得无聊。"于是我不慌不忙地回答："那你一定是个无聊的人。"

起初她似乎非常吃惊，好像有个比我上半身力量更大的人狠狠打了她一巴掌。但是当她恢复镇静时，她直视着我并承认："我很无聊。这就是关键。"

呵！无聊不是身高或眼睛颜色这样的遗传特征，而是一种习得行为。这位客户并非天生无聊，而是因为她长期以来只做她"不感兴趣"的事情而导致她的"兴趣"开始退化。她不需要换工作或者换一种生活，她应该重拾兴趣并专注于重塑她的专业实力。

在剧院里，我们经常周一到周五都要表演完全相同的节目，而且在周日还要表演两次。我们有可能连续几个月甚至几年都要遵循一个节目一周表演7次的模式。外行人总是对我说："一遍又一遍地做同样的表演得多无聊！我永远不会做这样的事情。"我总是这样回应他们，"猜猜怎么着？你已经做了这样的事了。"

无论你是朝九晚五的上班族还是朝七晚九的表演者，你都在一遍又一遍地表演着同一个节目。唯一的区别在于，在戏剧表演中，一旦记住了台词，学会了场景动作，表演者就能在每个演出之夜给表演注入新鲜和意想不到的能量。每晚展现的舞台能量都是不同的，每场观众的能量也总是变化的，这意味着我们可以在一个个演出之夜以独特方式表演相同的节目，说出相同的台词，展开相同的对话。有天晚上，我们在表演时开了个玩笑，正好那时观众中有个婴儿开始哭了起来，于是每个人都错过了笑点。在另一次表演中，我们说了一句台词，本意是让台词打动观众，没想到他们却被台词逗乐了。还有一次，我们在表演时丢掉了剧本中的一条关系线，以此为表演注入活力，最终该剧呈现了全新的含义。表演是无聊的对立面，因为表演让我们敢于寻找新方法来应对、适应、探索周围世界中的新奇之处。

　　大多数人没有意识到的是，工作也是一种现场表演。每天，大多数人都出现在同一个办公室；我们扮演着同样的角色，和相同的人物互动，发挥着相同的作用。但是，我们与同事交流时的能量，发送电子邮件的方式，推介的方式或交付产品的方式，应对眼前挑战的方式——每一天都会变化。每次表演都截然不同。每次表演都是发现、体验并学习新知识的机会。当你带着这样的想法去工作时，几乎不可能感到无聊或变成无聊的人——无论你做什么工作。

高效反叛法

1. 尝试着把每天当作工作的第一天。记得带着第一天的好奇心。

2. 像第一次接触工作步骤和工作任务时那样专注（不要厌烦）。用新鲜的眼光看待熟悉的同事。

3. 重新思考选择这份工作的原因，因为你曾经选择了它。按照这个方法，坚持练习一周、一个月、一年。每天在工作中寻找新鲜点和兴奋点。

　　每天带着好奇心去工作不仅会让你变得更有趣，而且会让你更具创造力，更投入，更有灵感。对你和你的上司来说，这是多么宝贵的礼物啊！所以听从我婆婆的建议：不要抱怨你很无聊，重新发现工作中的趣事。

搞怪活动

当我妈妈在一个冰毒泛滥的城镇担任戒除毒品和酒精顾问时，她最擅长用幽默重构责备思维。在那儿，她频频接触重度瘾君子、惯犯等许多其他顾问避之不及的人。但她不会责怪病人的自我毁灭行为，而是用幽默的方式看待。于是她把这个饱受毒品摧残的小镇称为："我们的麦斯勒汉姆①小镇！"

当妈妈负责的治疗组患者因漫长的康复之路而失望时（更不用说真的上路了，他们中大多数人由于驾驶执照被暂扣或被吊销，无法驾驶车辆），我妈妈通过在小组内举办设计保险杠贴纸比赛，幽默应对这种情况。大家踊跃参与，原版本有"如果你喜欢吃监狱里的墨西哥玉米粉蒸肉，你就按喇叭试试！""我的另一辆车被毒贩用着"以及"我爱大众，我爱做大众人"。而我妈妈想了一个："车上高速嗨（high），人上高速可别吸嗨！"

我母亲甚至把重构技能应用于格言。小时候，我和双胞胎兄弟还有妹妹放学回家后会说些在学校学到的谚语，比如"一石二鸟"，妈妈听了会生气地说："天哪！不要责怪自己缺乏同时实现两件事的能力！"然后她会说些更加温和的自创谚语："用一个鸡蛋孵化两只鸟，一举两得。"

最终，我妈妈的幽默在治疗过程中帮助了数百人——一举两得！

幽默常源于不适、恐惧和自我怀疑，但是幽默能够治愈不适、恐惧和自我怀疑。试试变得幽默吧。

---

① 指华盛顿州的皮尔斯县，为美国西部制毒率最高的地方。

别怪莴苣

本章开头引用了一行禅师的著作《和平步步行》(*Peace Is Every Step*) 中的一句话:"莴苣种好后,要是长势不喜人,别怪莴苣。"这句话的下文是:"你应该去找失败的原因……但是当我们与朋友或家人产生矛盾时,我们就会埋怨对方。如果我们知道如何细心呵护朋友与家人,就不会产生矛盾,就像得到照顾的莴苣会茁壮成长。"

我们(一天)要责备他人多少次?同事、朋友、配偶,还有咖啡馆里排在我们前面点了一杯一半低咖、一半普通浓缩咖啡的焦糖拿铁的人,因为他让我们等了7分钟,害得我们迟到,心情烦躁……但实际上,责备并不能积极有效地解决问题,**只有理解和联系才能给我们带来学习和成长的机会**。所以,不要责备队友失败的展示而要弄清楚导致他准备不足的原因。不要责怪你最好的朋友忘记了你的生日,去问问她最近是否有烦心事。当你自己不够出类拔萃时,不要在生活和工作中处处责备他人。(你很让人讨厌,笨手笨脚的家伙,都是你,所以我们才失去了客户!)试着问问自己:是想建立更多的联系,变得更加理解他人,获得更多成长——还是想像一颗烂莴苣头一样停滞不前?去找找根源,看看出了什么问题。

做一块橡皮

当我们受到责备时,就很难保持想象力和创造力。有人大声叫我们出来,站在我们面前,当面说我们搞砸了所有的事情……我们就会觉得这种责备是针对我们个人的。但正如你可以选择责备或者不责备别人，你也可以选择对责备耿耿于怀或者让自己从责备心理中解脱出来。记住，他们之所以在责备你时脸色沮丧，极度恐惧，甚至红着脸，是因为他们内心深处明白，自己在为搞砸了所有事情却没有勇气坦率承认而恼火，所以必须把失败归咎于你。我们都会责备他人并被他人责备，所以不要将责备藏在心底，不要认为责备仅针对你一人，也不要任由它阻碍你的创造，而要让责备反弹给别人。如果你上过六年级，那么你会知道该怎么做！用12岁的厚脸皮心态，把自己打造成一块橡皮。跟着我说：我是橡皮，你是胶，你诅咒我的话都会反弹回去，粘在你自己身上！ ① 毕竟，有时候在工作中太需要厚脸皮了！

---

① 当有人试图冒犯或侮辱你时，用这句话反击：所有的冒犯都会反弹到对方身上。

CREATIVE
TRESPASSING

第十八章 让工作变成假期

真正的发现之旅不只是为了寻找全新的景色，而是为了拥有全新的眼光。

——作家，马塞尔·普鲁斯特（Marcel Proust）

当你要去其他国家，或者正好从其他国家回国时，海关人员问你的第一个问题是：出差还是旅游？他们不会问你是否随身携带重型火炮，是否会在逗留期间出售、购买或者吸食毒品，是否为人口贩卖团伙的成员。不，最要紧的问题是，你来出差还是旅游。

很久以前，我就学会了不诚实地回答这个问题。我诚实的回答常常引起混乱。"是的。"我说。目瞪口呆的海关人员进一步询问："哪一个？"我很高兴地回答："两个都是！"这时我会被迅速带走，接受进一步审讯。在错过了几个航班，经历过若干次尴尬的脱衣搜查后，我终于明白了：人们可能认为他们的工作与度假无异，但是这种想法会让官方深感不安。

为什么海关人员会问这个问题？航空公司客户服务热线的专员可能会告诉你这是为了了解出入境旅客出行方式、出行原因、目的地等信息，但我不这么认为。真正的原因是一旦更多的人把工作与度假结合起来，他们害怕美国联邦运输安全管理局（TSA）的人手不够，不能阻止由此引起的巨大工作文化革命！那么，各单位，你们最好保护好你们的边界，因为创造性入侵者们即将到来，我们会把所有的好奇心、幽默感、对冒险的渴望以及度假者专注的宁静一并带入工作。海关们，你们完了！

你知道度假时自己的变化，对吧，你会很容易忘却你在桌上说的所有废话，仿佛处于一种新模式——我们称之为发现模式——即使最不起眼的东西，你也会带着好奇和喜悦去接近它。"我想知道为什么这种饮料带着绿伞而我刚刚买的这杯却带着蓝伞？啊，这就是生活的乐趣！"而且你知道如何获得这种乐趣，因为你能够忘却自己的所有废话，能为所有的新鲜事物、所有的魔力腾出空间。你在度假时认识的每个人都友好而有趣（并且不知怎么还认识了来自你家乡的人），吃到的冰淇淋比以前尝过的都美味，你偶然邂逅了一家餐厅的女主人，她说："你看起来真放松！你在这度假吗？"你微笑着说："是的！"她回答："我专门为你留了位子。"接着你就出现在那家诱人餐厅里。原来你坐的地方是全餐厅唯一一个可以透过窗户看到清澈的蓝色海洋的雅座。当服务员来点餐时，他说："你看起来很平和。你在这度假吗？"而你自豪地说："是的！"他慷慨地说："你的下一杯饮料我请客。"

当你在度假时，生活会变得更加光明，甚至你都会更闪亮。机会似乎来得很容易，于是奇迹发生了，你拥有了无数的新体验。放松的身体加上专注的神情让你思绪清明，享受当下。对我们中的很多人来说，假期是我们真正反思、学习和探索的唯一机会。

另一方面，在我们的工作生活中，我们很少说废话，不怎么放慢脚步，不怎么偏离常规，也不会为周围的环境感到惊喜。但不必如此。你不必只把平静和专注感留给一体式度假村。假期是一种思维模式，我们可以每天早上带着这种思维去上班，而且相比度假，上班不会让你皮肤晒伤。假期思维可以激励我们带着新鲜的好奇心和惊叹去继续发现、探索和处理我们的工作。

曾经周一到周四，我都要和一个脾气暴躁的人共事，但一到周五，他就骄傲地穿着一件夏威夷花衬衫来上班，那件衬衫根本不算什么，因为他有太多花衬衫了：生机勃勃的芙蓉花、棕榈树和椰子、冲浪板甚至温暖微风，什么款式他都有！每到周五，他摇身一变，就从循规蹈矩的工作机器变成了夏威夷群岛的卡美哈美哈国王（King Kamehameha），骄傲自信，从不吝啬自己的笑容，乐于助人却又不唐突，俨然一个天生的王者。然而，这种转变是极其短暂的：一到周一，他又变成整天绷着脸的暴躁上班族了。

和平活动家、佛教僧侣释一行是我最欣赏的人之一。他曾写过如何以一种启发性的方式取得成功。他在《心力：快乐、自由与爱的源泉》（*The Art of Power*）中说："成功的关键不在于成为一名僧侣或做其他职业——警察、农民或者医生，而是培养快乐、理解和同情的能力。"

从不是职业、头衔、制服或套装——无论它们多光鲜——让你成功、快乐或富有同情心。有多少不快乐的CEO，就有多少快乐的收银员。有多少愤怒的项目经理，就有多少优秀的营销实习生。如果你真的本性暴躁，那么即使穿夏威夷衬衫都改变不了。所以关键是不仅要在周五穿夏威夷衬衫，你的内心也得穿上夏威夷衬衫。作为创造性入侵者，我们能把每一天都过成星期五，把我们的想象力融入每天的工作。

当我们学会如何带着惊奇、幽默、对冒险的渴望以及一个全职度假者专注的宁静去工作时，无论我们去哪里，都可以随身携带这些技能。

耶鲁大学教授艾美·瑞斯尼斯基博士（Dr. Amy Wrzesniewski）的一项著名研究表明，如果将工作视为一份职业，而非去酒吧消遣前必须在某个地方消磨时间的一个任务，会让人们在工作时更加快乐和充实。所以，如果把工作视为度假，你就有机会体会到更大的工作成就感！是时候试试双 V 模式了（Vocation & Vacation，职业＆度假），因为每一天，你都值得拥有更快乐、更持久的快乐时光，而非每天仅仅放松一小时。

也许你读到这里时有点怀疑，心想："但是如果我的工作很糟糕怎么办？如果我工作时几乎都来不及吃中饭，还有什么时间精力去放松？如果做的是接电话、组装配件、内容推送、为他人服务的苦差事，难道不觉得这样的工作更像是契约奴役而不是什么度假……所以你在说什么啊，卡坦？嗯？"

创造性入侵者的工作并非简单，要想把更多的快乐融入我们的工作，没有神奇公式可以套用。即使给内心穿上夏威夷衬衫也不算是高招。就像度假一样，你在工作中总会遇到粗鲁的人、令人懊恼的麻烦还有令人沮丧的挫折，但你可以选择因为他们而失落沮丧，或者把那些众所周知的酸楚懊恼转换为玛格丽特酒里的柠檬汁。

度假期间的某一天，你原本打算去远足，没想到下雨了，你不太会生气并大骂酒店的工作人员毁了你的一天，对吗？更有可能你会说："行吧，那我去博物馆好了。"把原本倾盆大雨、诸事不宜的一天转变为博物馆参观日，这就是你**利用挫折来丰富创意生活**的一种表现。

当你在工作中经历挫折的暴风雨时，你不需要举起双手，像露天停车场一样任凭风吹雨打。你可以选择反抗它们，利用它们，把它们变成艺术。如果我们把假期里的玛格丽特心理带到工作中来，那么即使最大的挫折都只会让我们的创造力只增不减。

来看看阿姆斯特丹的一群社会企业家是如何利用地平线上真正的风暴云激发巧妙想法的。由于气候变化，阿姆斯特丹降雨量剧增，导致有几个地方面临着洪水袭击的风险。所以为了应对这种情况，这些企业家们提出了创造性解决方案：收集雨水并将其酿造为啤酒。

反正这天经常下雨。为什么要让下雨毁了你的假期，为什么不用下雨这个自然现象来激发自己的职业创造力呢？

别在意工作的高低，在意工作的经历

乔什·格林（Josh Greene）靠概念艺术家的工作维持不了生计，所以他和以往的优秀艺术家一样，也有副业：一份工作是艺术教授，另一份是高级餐厅的侍应生。餐厅工作和他的理想工作差得不是一点半点，但是他并没有抱怨这份工作多么配不上他，或者他多么讨厌在餐厅里四处走动，一边挥舞着巨大的木制胡椒磨，一边诚恳地问顾客："您的沙拉需要加些胡椒吗？"而且，这位典型的创造性入侵者还发现可以用服务艺术的方式为这份缺乏创意的普通工作带来更多意义——

于是他提出了一个叫作"服务—作品"（Service-Works）的艺术项目。基本上，他每个月都会把某一晚的小费赠送给其他艺术家，用来资助他们的艺术项目。由于他工作的餐厅定位超高端，所以一晚上收到的小费从100美元到450美元不等。对艺术家来说，那并不是一笔小钱；实际上，那笔钱足以决定一个创意是否能启动。而且申请艺术补助的竞争极度激烈（冷酷而制度化），所以与之相比，从同行艺术家那里接受资助，无论金额多少，艺术家们都能从中获得鼓励和安慰，并保持对自己作品价值的信心。

所以现在，每当乔什向顾客提供胡椒粉和免费面包时，也相当于在向他的艺术家同行们提供支持——同时也在为他自己的艺术做投资。毕竟，他是一位概念艺术家，而概念本身就是艺术。乔什的例子生动证明了即使不那么鼓舞人心的日常工作也可以为我们的非凡创作生活提供灵感。

工作日变成快乐周末

和客户第一次见面时我总会问两个问题："你喜欢做什么？"以及"什么时候你会做喜欢的事情？"第一个问题的回答最令人惊讶（同时出乎意料），尤其是那些看似沉默寡言之人的答案：我喜欢弹吉他、烹饪、阅读诗歌、写剧本、制作家具、做陶器、在动物收容所做志愿者、修复老爷车、家酿啤酒、观鸟……答案还有很多。但是，无一例外，每个人对于第二个问题的回答都惊人地一致：周末。

作为创造性入侵者，我们得知道，创造力不是周末专属物！从周一到周五，我们都可以把创造力融入工作场所。

　　但我并不是建议你在会议室里酿烈酒，或者把制陶工具陶轮藏在你的办公室小隔间里。我想说的是，弹吉他、用心烹饪或者修复汽车可以激励你重新构想如何改变乏味的日常工作方式。喜欢与朋友一起享受周末的摇滚即兴演奏会？为什么不开始一场摇滚即兴工作？我的意思是在团队会议、共同目标或者头脑风暴会议中融入相同的摇滚精神。就像和你的朋友一起即兴演奏摇滚乐那样，营造氛围，设立主题，然后开始即兴表演！演奏时，不按唱片来，不管音符对错，就是复古即兴创作的范儿。

　　不管你的工作是接听电话、管理日程表，还是在同事或客户面前阐述想法，又或是撰写营销文案，写法律简报，敲代码，如果你能把周末的创造力和激情融入所从事的工作，那么你的合作方式、解决问题的方式以及做决定的方式都将会得到改变。那样，你会拥有一个崭新视角，并将更多的想象力和热情融入工作中。

　　奖励：你可以把工作日打造成名副其实的快乐周末。把周五穿夏威夷衫的活动改成周一开放麦脱口秀。在午餐时间的开放麦活动里，人们可以尽情摇滚，可以阅读诗歌，分享最棒的啤酒制作方法，可以秀一秀翻新过的汽车的照片，或分享志愿经历中鼓舞人心的故事。每个人只要一个麦克风、一段5分钟时间以及一群观众。

扩展精力

　　在我结束演讲或工作坊活动后，人们最想知道的是我的精力是从哪里来的？！我如何得到那种精力？多年来，我已经在现场即兴回答了各种奇奇怪怪的答案："从我妈妈那儿！"或者"我天生的！"或者

"早餐我喝了4杯卡布奇诺，还吃了44根水果味吸管糖。"当然，当我与科技初创公司的员工观众们交谈时，他们不只想知道如何增强精力，还想知道如何"scale"（衡量）精力。而我只想呐喊，我没有你们那种可以基于云计算的解决方案，不知道如何"衡量"人类精力……我只是一个人类！噢，他们说的是这个scale（扩展）。

但事实是，我一直都不知道我哪儿来的这么多精力，或者说我不明白为什么有些人似乎天生精力旺盛。这个问题就像一个我无法理解的抽象概念。但随着越来越多的人真切地想知道如何提升精力，我开始认真思考这个问题。

后来我突然想到了：多年来我一直都在打破生活中的"竖井"壁垒，一直尝试把目标与薪水、创造力与生产力、职业和假期融合到一起。我之所以精力过剩是因为我不再需要在创造力和单调乏味之间、想象力和职业之间、工作和生活之间不停换档。

想象一下拉动传动轴坏了的变速杆，"嘣啪"一声推进一挡，到二挡熄火，并且你必须让乘客下车帮忙推车，你才能推入三挡并成功启动。现在再想象下驾驶一辆全新的电动汽车，你要做的只是轻踩油门踏板，车辆就能开始向前移动，所有汽车零件工作正常，无须换挡，发动机也没有发出奇怪的声音或消声器也没传出怪味……懂了吧，如果我们的工作和真正的自我之间没有冲突摩擦，那一切都会像开一辆新车般顺利。那正是作为一名创造性入侵者的美妙之处：我们只要把油门踩到底，就能看着我们的职业生涯全速起飞！

所以，如果你想扩展你的精力，就要把你的工作和真正的自我联系起来——并且开始寻找他们之间的共同特征。记住，在竖井里，一切都毫无作用，包括你。

去度假吧！

一位朋友曾经告诉我，他所在公司的最大福利就是假期无限。我说："那肯定是大福利啊！"他却说："肯定不是什么福利，没人真去度假。"

什么？

这就像在工作时，老板在你的桌上放了一块你最喜欢的蛋糕，一张纸巾还有一把叉子，而且暗示你："吃吧！这是你应得的！"但是你还是不敢尝一口，因为害怕别人会觉得你不仅懒惰还贪吃；认为你工作不努力，几天都没睡好觉没吃甜食这事是假的，你也并没有生活在水深火热之中。

对此我想说：别当殉道者，那是4世纪的事了。玩儿去吧！我不是故意想用妈妈般的语气说话，但是你知道世界上有多少人没有假期吗？有多少人因为劳累过度和工资过低而生病？如果你难得拥有假期，那就去度假吧。

但是这不是度假的唯一理由。如果你不想因为自己拥有别人没有的假期而去度假，那么为了更好地工作，你也要去度假，因为无论多爱这份工作，每个人都需要每隔一段时间休息，充电，放松，重新回到假期中去。度假还可以让你有机会买到比夏威夷果巧克力（虽然真的很好吃）更好的伴手礼送给同事们：新角度，新想法，新创意！

如果你不爱自己的工作，那么你就更有理由度假了。我的朋友梅丽莎·拉姆森（Melissa Lamson）是一位全球领导力培训师，也是公司上班族，正如她所说："摆脱公司文化的最好办法就是离开。去外面看看你想做的工作，去度假，找找你自己热爱的东西。"

高效反叛法

1. 摆脱你的日程表。

2. 挑选一周并标注："假期。"

3. 拿出地图。

4. 挑选地点。

5. 寻找航班。

6. 预订机票。

CREATIVE
TRESPASSING

第十九章 如果一切都
失败了……继续排练

努力过，失败过，没关系，屡战屡败，屡败屡战，每一次失败都比上一次更好。

——作家、剧作家，塞缪尔·贝克特（Samuel Beckett）

我的个人秀《拯救塔尼亚的隐私部位》（*Saving Tania's Privates*）（是的，你理解得没错）将于今晚在著名的苏格兰爱丁堡艺穗节（Edinburgh Festival Fringe）开幕。此时我正在小卫生间、更衣室、走廊里走来走去做准备等待上台，一边还着魔似的背诵台词。"你是说，'Can't，sir（不行，先生）？'哦，cancer（癌症）！我得了癌症？"我的个人秀主要讲我的一些经历，比如在30岁之前两次被确诊患有乳腺癌（嘿，我能说什么，我这人总是比别人厉害些），以女同性恋者的身份出柜，经历两次乳房切除术后袒胸长跑10公里还有其他一些相对比较普通的事情。此次个人秀的创作团队小而精，塔尼亚一人身兼导演、制片人、舞台经理以及剧作家。终于，经过几个月的创作、再创作、讨论和排练之后，我的个人秀要上线了。

低沉的对讲机声音响起，节目开始前最后一分钟了，剧院大门即将关上。剧院里响起来了迟到者匆匆的脚步声。不知哪里传来了一个声音，提醒节目要开始了：我要上台了！于是我拖着一个一点都不配合我的行李箱，猛地冲到舞台上，突然间，一束聚光灯照在我身上。原来是美国联邦运输安全管理局的警卫误会了我的性别，派了一个男人对我进行搜身检查。我想了想被搜身的姿势（手臂伸开，双腿叉开，就是平常的搜身姿势），于是我说出了第一句台词："先生，你为什么对我搜身？"

刚刚那一幕总算结束了，刺眼眩目的聚光灯消失了，舞台上充满着温暖的光线，甚至照亮了台下的观众。我望着观众，看到了他们好奇的凝视，接下来他们要和我一起走完这80分钟的漫长之旅（没有中场休息）：回顾我人生中的关键词——爱、失去、乳腺癌、部分裸露，等等。但是观众并不知道，在节目的最后一个环节，我会脱掉衬衫，暴露乳房切除术的两个伤疤，打开双臂伸向两侧，仿佛是一架人形飞行器。但是……现场停电了！一切都结束了。

然而，在这个特殊的夜晚，"观众"（我比较宽泛地使用了这个词语）共有3人。一个人睡着了，另一个人显然已经喝醉了，即将见周公，还有一个人，真的难为他了，似乎无比清醒并且很兴奋地看着这个节目。

要是我是《选择你的冒险旅程》（*Choose Your Own Adventure*）[①]一书的主角该多好，那我就会把三个神奇选择都用于逃离这场灾难——

————————

[①] 《选择你的冒险旅程》为系列儿童游戏书，每个故事都以第二人称的角度展开，读者扮演主角，做出决定主角行为和情节结局的选择。

在三位男性观众面前表演有关胸部（即使做了手术也还有点胸吧）的节目，这可真令人毛骨悚然。

a. 你选择崩溃并在舞台上哭泣。

b. 你为了尽快离开那里，选择不表演中间的 60 分钟。

c. 你决定在舞台上大发雷霆，抛下一切包袱，大声叫喊："醒醒，你这个醉酒的傻瓜！"

我做了什么选择？我选择了第四种：全力以赴。没有其他选择，因为在剧院里，我们很早就学会了呈现最完美的表演，这就是我们的工作，无论台下的观众只有 3 个人还是有 3000 人。

当然，如果剧院里座无虚席并且一个个戏剧迷从表演一开始就为你加油呐喊，那再好不过了，但是每周 7 场演出的现实是，有时你会看到一大片空位（还有几个睡着的酒鬼），感觉十分失败。你恨不得举起手认输逃跑，放弃表演。但是无论在戏剧节的舞台上表演，还是在会议室里当着团队新客户的面展现自己，甚至在办公室独自一人，不知疲倦地从事庞大项目时，你都要知道，失败从来就不是目标，尝试才是。尝试是必要的练习——或者戏剧表演者称之为"排练"。

害怕失败是拥抱创造力的最大阻碍之一。但这种恐惧来自人为神话，让人以为大多数创新想法、突破性发明以及富有想象力的艺术在经历第一次尝试后就能取得成功。现实是，即刻成功需要经过多年的学习、练习、排练、重写和重建。艺术家路易斯·布尔乔亚（Louise Bourgeois）在成功之前从事了 40 多年的艺术创作。文学作家桑德拉·西斯内罗斯（Sandra Cisneros）在媒体界一夜成名之前，多年来一直坚持写作。而我们最喜欢的牛人珍·新赛罗（Jen Sincero）直到她的第三本书出版三年后，才成为《纽约时报》（*New York Times*）排名第一的畅销书作家。

我们都听过企业家、初创企业以及蒸蒸日上的知名企业的战斗口号：失败！经常失败！很快失败！失败得越快越好！经历更多的失败！事实证明，商界借用了戏剧界的一句老话，更具体地说借用的是剧作家塞缪尔·贝克特的话："努力过，失败过，没关系，屡战屡败，屡败屡战，每一次失败都比上一次更好。"

多愁善感的贝克特深谙失败是生活的一部分。于是他写下了身陷困境的多个人物：或身体被焦土埋到脖子处，或站在月台上等待永远不会出现的人，或陷入了不确定的空间和时间。贝克特深知生活在世界上就意味着要陷入困境，但他也相信我们永远不应该停止尝试。失败了，就继续做出更多的尝试。他知道，真正的艺术就在于成功之前的混乱之中。

无论我们是否得到了观众们的起立鼓掌，还是忘记了台词，被嘘声赶下了舞台，还是没有及时阻止一个醉酒的人晕倒在演出舞台的旁边（没发生在我身上，我只是假设）……在我们冒险上台的那一刻，我们就已经成功了。成功就是面对失败的尝试。

当然，这个道理不仅仅适用于戏剧等极其具有"创造性"的领域。无论我们的工作是什么，我们都在某种程度上害怕失败。有时你的简历很棒，但是得不到面试机会。有时你全力以赴，却拿不下客户。有时你提出的想法超级出色，但对公司来说时机过早或过晚。但不要绝望，任何人都可以用我所说的戏剧思维看待这样的事情：如果没有人来看你的节目……那这就算排练！换句话说，把每个"失败"都视为学习和提高的机会。喜剧演员称之为重写。运动员、律师、医生和艺术家称之为练习。软件开发者称之为Beta测试（验收测试）。无论你怎么称呼都没关系——只要你能挺身而出彰显自己，并且在面临阻碍、抵抗和规则的制约时，也愿意冒着风险在工作中发挥创造力，你就不可能真正失败。

在工作或者日常生活中，你有没有一个一直以来都很想尝试的创造性想法？大胆的？可能听着有点疯狂？让你害怕的？只要你愿意跨出这一步就有可能改变局面的？如果真的有这样的想法，现在就是最好的尝试时机。以下是帮助你迈出第一步的小技巧。

质疑拒绝

拒绝意味着剩下的没什么可失去了！作为剧作家，我经常收到拒绝信。"亲爱的塔尼亚，我们收到了500多份剧本……很抱歉您的作品没有被选中……期待您明年的投稿。"

多年来，我收到了大量拒绝信，以至于在我开始找工作的过程中，并没有觉得收到口吻极其相似的拒绝信有多么打击人："亲爱的塔尼亚……感谢您申请该岗位……可想而知，我们收到了大量岗位申请表……很抱歉地告知您没有被录用……我们建议您寻找其他机会……"

起初，我的自尊心既脆弱又稚嫩，导致我一看到拒绝信就仿佛看到眼前有一扇紧闭的大门：肯定是他们不识我的过人之处！但是最终（感谢上帝），我扔掉了自负并能够从不同的角度看待这些拒绝信。我意识到拒绝信可以是你面前一扇紧闭的大门——或者是对话的开始。这由你自己决定。面对拒绝的通常反应是，接受被拒绝的现实，舔舐伤口并继续寻找机会，但是我决定换种方式。比如，我收到了来自SXSW（西南偏南）互动媒体大会协调员的拒绝信，信中称SXSW大会的演讲者们拒绝我加入他们。看完后，我并没有把它立刻扔进碎纸机，而选择利用这个机会开启对话。他们是谁？我心想。他们是和我一样的人，正在寻找最合适的人选。所以我回了邮件，询问是否有项目主管有兴趣愿意跟我谈谈。

虽然我没有得到这次演讲机会，但是这次经历绝对有意义。因为，他们回复了邮件，告诉我下次如何完善申请（新手要准时申请提交）并且许诺如果有机会的话会帮我留意。最后，我学会了如何完善我的作品，同时也给未来有可能让我在数百名申请者中脱颖而出的人留下深刻印象。

所以下次当你应聘失败，升职失败，申请项目或者寻找短期工作失败时，不要为了泄愤而烧掉你的拒绝信，要学会利用它们开启对话。请求对方的反馈，找到佐证反馈问题的证据，做好你自己的功课，让他们知道为什么你是完美人选！

警告：如果他们继续拒绝你，尊重他们的选择。坚持是一回事，但是纠缠不休又是另一回事了。记得在全程交流中保持优雅。当你找到他们曾经的选拔标准时，你就更容易取得更多突破，不必到处碰壁。

即使我们的职业生涯取得了极大成功，我们也可能会被拒绝。事实上，如果你从未被拒绝，也许是因为你一直以来的行事方式太过四平八稳。而那些创造性入侵者勇于把拒绝当作一次对话而非一扇紧闭的大门，所以他们在未来有可能成为伟大的艺术家、有影响力的人或企业家。毕竟，你是想在墓碑上写：她从未尝试过，从未失败过，但不管怎样……

还是写：她带头领先，开启了不起的对话，并且做出了一番成绩！

Beta 测试生活

进入软件行业后，我知道了Beta测试。Beta测试属于开发过程的一部分，是开发人员在产品发布前从真实用户那里获得反馈的绝佳途径！开发人员会根据反馈完善软件，让软件使用起来更加方便。正是那时，我意识到开发软件就像生活：需要不断尝试、评估、倾听、学习和完善。

我们不会用非此即彼的二元命题式思维来看待我们最古怪、最离谱的想法或者最引人注目的决定——非输即赢，不是掌声就是嘘声，不是失败就是成功——我们可以将它们视为Beta测试，即一种试验。你无须为此奋斗终生。试验结果也不必完美。你只要表达自己，表达你的想法，等待人们的回应。再接受他们的反馈，并根据反馈的问题让下次做得更好。

荒谬性训练

创造性思维和其他任何技能别无二致。都是一个道理，熟能生巧。所以，只要你觉得自己对创造性思维生疏了，那就试试这个有趣练习吧：你自己或你的团队在10分钟内，发挥想象力，想出最荒谬的应用程序（或其他类型的应用程序）！以下是我和各公司的团队成员一起做这项练习时提出的想法。是的，这些应用程序很古怪，而且我有点羞于在你们面前展示我的古怪想法，但古怪才是关键。你必须把你最奇怪、最疯狂的想法说出来，即使你认为它们很恶心。但是谁知道呢？从局外人的利益角度看，你可能会发现你认为最恶心的想法实际上是最棒的想法。

爱地下（Airdnd, 爱彼迎遇见龙与地下城）：预订全球的地下酒店。

标语：像石像鬼一样生活。

A书：针对想要注销脸书但仍然想有个App可以用来吐槽，吹嘘，并且选择性地设置朋友生日提醒功能的用户。

标语：没想到不用脸书也如此有社交感！

祖父牌Ins照片墙：来查看祖父激动人心的生活照片和视频！中筒袜和黄金债券<3！#39美分的咖啡 #美国运输安全管理局我穿上鞋子了！#我也要去日间看护中心了 #他们扣了我的驾照所以我每晚都喝酒。

标语：我听不到你的声音……来张照片吧！

测试中的小测验

我见到《国家地理》（*National Geographic*）软件品管总监米歇尔·普莱耶（Michelle Player）时，她给我的印象是：非常认真，以工作为重，十分专业。然而，她内心却是个不折不扣的创造性入侵者，总能想出从同事和团队那里偷偷收集反馈的绝妙主意。很久以前，她怀疑团队成员们从来都不看完她发的长邮件。所以，她开始不露声色地在长邮件的最底部放上一个与邮件内容有关的小测验，还有少数与邮件无关，但令人发笑的趣味问题：质量保证和质量控制有什么区别？你对我们的新自动化工具有何看法？电影《星球大战》中，欧比旺（Obi-Wan）和卢克（Luke）在一个小酒馆遇见了汉（Han）和楚伊（Chewie），那个小酒馆叫什么名字？

如果你正在测试新的流程、想法或者解决方案并且需要整个团队的反馈，那就尝试把小测验纳入测试流程吧！它可以有趣地引出真实坦率的见解并且可以起到鼓励员工专注并跟进工作的作用。

引领思维变革

你是否听说过"成长型思维"（growth mindset）和"停滞型思维"（fixed mindset）这些术语？如果你听说过，请少安勿躁。如果没有，可以向动机领域的杰出研究者卡罗尔·S.德韦克（Carol S.Dweck）请教。在德韦克的早期职业生涯中，她专心研究人们如何应对失败，所以她为儿童设计了一项研究。她给儿童们提出的问题超出了他们的能力和知识，当然他们会失败。虽然实际上他们真的失败了，但根据他们对失败的各自反应，德韦克有了惊人发现：有些孩子很喜欢尝试解决不可能解决的谜题。他们喜欢挑战，喜欢扩展思维，喜欢寻找他们从未想过的解决方案；简而言之，他们喜欢学习。对这些孩子来说，不可能的任务实际上是一个学习的机会。她把这种思维模式称为成长型思维。

而该项研究中还有一些孩子很快放弃了，还有一些根本没有尝试解决问题。为什么？因为他们确信自己会失败，所以不想表现得很愚蠢。这种思维模式称为停滞型思维。德韦克的研究证明，儿童、成人、学校教师、大公司的领导，我们所有人都能培养自己的成长型思维。选择在于我们。

　　创造性入侵者深知，无论我们在公司的哪个职位工作，尝试和失败总比从来没有尝试过好。记住创造性入侵的第一条规则：拥抱灾难、缺点以及极度尴尬的时刻，最好的艺术、想法和创新正来源于此！我们只有把自己的缺点、错误和失败看作学习机会，才能更大胆地冒险，才能应对更严峻的挑战并激发我们的周围人向我们学习。

高效反叛法

1. 提出一个没有人问过的难题。

2. 接受一个似乎不可能的挑战。

3. 在超出认知的能力范围外，锻炼自己。

4. 将挫折视为成长机会。

5. 向他人灌输这种思维。

CREATIVE
TRESPASSING

第二十章 保持你的注意力

做事情。要好好把握，要有好奇心。不要等着灵感或运气正好撞到你的脑门上。专心。关键是专心。注意力就是活力。它把你和其他人连接起来。它让你渴望。保持渴望的心态。

——美国作家、艺术评论家，苏珊·桑塔格（Susan Sontag）

在杂志出版社实习期间，你主要负责什么类型的工作？

如果你问的"工作类型"是指我在杂志社给正式员工们采购的咖啡奶精的类型，我可以告诉你，是一半牛奶一半奶油（Half & Half）。

请简要说明你在这份实习工作中学习到的新技能、新技巧和新知识。

把过期的杂志归档（有时闭着眼睛）、为活动收拾杯子和纸巾、给咖啡机加水、用开信刀开信封以及不用开信刀封信封。

杂志社是否鼓励你为杂志文章出谋划策？

这取决于你如何定义"鼓励"。其间一次选题会上，我确实提出了一个想法，个人认为非常好，但我刚说完自己的想法，一名工作人员就说："实习生不要发表意见。"我回答说："好吧，我只是想到了！"

你会向其他有抱负的撰稿人推荐这份实习工作吗？

请参阅上文。

这份不长的离职谈话来自我第一份实习（并且是最后一份）。那时，我还是一个眼睛亮晶晶、头发蓬松的20多岁小姑娘，在旧金山（San Francisco）一家潮流生活杂志社实习：对于像我一样有抱负的作家来说，这份实习是个巨大的机会。但是我既没学到如何为文章选题，没掌握网页设计的基础知识，也没学会如何经营互联网时代的媒体业务，因为我忙于抱怨，抱怨我的创造力正在被毫无意义的枯燥工作，被任何智力正常的懒人都能胜任的工作所糟蹋。

我并没有利用那次实习机会好好磨炼新闻写作技能（毕竟我是一名写作实习生），我更在意的是在选题会上说些讽刺的话，以此嘲弄目前的工作配不上我，并暗示他们有价值的是我的写作能力——而不是我的归档技术。换句话说，我当时就像一个混蛋。不过，虽然由于我自作聪明的评论以及过度的反叛行为，你看不出来我其实很高兴能在一家我喜欢的杂志社实习并且十分渴望贡献我的创意,但是这千真万确。

事后我领悟到,我之所以表现出格是因为我在实习之前以为在一家创意公司实习就一定能做充满创造力的工作。我想着,即使是个小实习生,我也会从第一天起就有机会发言并分享想法。

我当时缺乏的洞见是,在创造性过程中,那些平平淡淡的工作任务——如归档、存档和拆信件等——实际上和撰写文章一样重要。现在我明白了,为了写出一篇创意文章,你必须从平凡的工作任务做起。因为一旦你开始意识到每项任务——无论看起来多普通——都是为了大局服务,那么它们在你眼里就不再是愚蠢忙碌的工作,而是学习的黄金机会。

我知道有一位在"创造性"领域担任助理的创造性入侵者。她对该领域充满激情,并且相信自己有一天能在这个领域里取得不俗成绩。然而,当我让她谈谈工作氛围时,她夸张地深深叹了口气,说道:"我就是在服刑啊。"哇!没有什么能比监狱这个比喻更能体现你对工作的失望了。她告诉我,问题不在于安排行程、复印和取咖啡这样的琐事,而是她那新鲜出炉的文科学位放在这完全就是大材小用。更重要的是,她的头脑充满了创造性想法并渴望与人分享,但作为食物链的底层成员,她害怕说出来,害怕走出界限,或者冒犯他人。

不幸的是,许多办公室文化——甚至非常有创造力的也不例外——都支持"实习生和助理可以在场但没有发言权"的观点。仿佛一旦我们进入职场,在变得有资历、有地位、能够自由表达创意想法之前,必须"恪尽职守"。毕竟,无论我们选择在哪个领域或行业工作,我们都必须从某个起点开始,而在那个起点上,我们不可避免地要从事实习生或助理的工作。

所以，当你满怀了不起的想法，但是根据办公室潜规则，作为实习生的你必须保持沉默时，你会怎么做？你可以在恪尽职守与尝试发声之间找到一个中间立场——偷偷摸摸地巧妙利用创造性想法争取发言机会。以下为实施策略。

高效反叛法

1. 向你的主管建议，每年（或每季度）举行一次面向实习生和助理的会议，让他们有机会提出自己的想法。

2. 让你的创造力疯狂驰骋在你的日记里。有时我们不能大声分享我们的想法，但我们可以把它们写下来。准备一本日记本或笔记本，把它放在你的桌上（或抽屉里）。当你无法抑制自己的绝妙想法（但时间、地点不合适，无法分享）时，把它们写下来，越具体越好，准备好让自己一鸣惊人。

3. 永远不要忘记做助理或者实习生的经历，只有这样当你升职并开始管理助理和实习生时，你才会在培养下一代宝贵的创造性入侵者时给予他们发言的机会！

比稿写作

雄心勃勃的编剧经常会在没有报酬的情况下创作电视节目的完整台本或者完整剧本，即使没有人等着要看，甚至未来都不太可能有人会看到。编剧们为一个剧本投入了大量时间和精力，并且创作出最好笑的梗，但是这个剧本甚至可能永远不会出现在制片人的桌上。为什么他们还要这么做?

除了写作,你也可以选择时常在洛杉矶咖啡馆里消遣,与制片人搭话,期许获得不着边际的"大突破",或者选择在邮件收发室里大汗淋漓,等待着被"发现"。但是这两种行为都是被动的,而写作是主动行为。通过写作,你可以证明自己有想法,有毅力,能够创作并完成一个剧本。而且,谁知道呢! 也许有一天你的作品会成功出现在制片人的桌上,让你有机会为某个节目写台本或直接购买你的作品。或者可能那一天不会到来。无论哪种可能,你都把机会牢牢掌握在了自己手中而不是一味等待他人赏识。

你可以把此想法应用于任何工作领域。当我在面试营销、平面设计,甚至软件开发的实习生和新员工时,我给他们布置了一个比稿任务。虽然这项任务没有报酬——甚至完成了都可能无法得到这份工作——但我能通过这项任务了解他们:他们的价值观念如何,他们的想法如何产生,以及当他们甚至都拿不到报酬时,是否还有动力完成一个项目。最后,即使他们不是最佳人选,也还有工作的权利(以及工作的机会),他们可以把这次面试当作一次经验,积累起来并在下一个机会中好好利用。同时,在这个过程中,他们挑战了自己,展示了自己的技能,并对实际工作中理想的工作任务时限有所了解。

大量创意行业已经把比稿纳入招聘流程。如果你是一名设计师,你可能发现面试结束后还要急忙回家设计比稿宣传册、标志或者海报。如果你想进入一家出版公司的编辑部工作,他们可能会在面试时要求你写一份比稿式读者报告。基本上,任务时限为24小时,通过阅读出版计划或者出版公司正在审阅的书稿,你必须要用自己小学生的水平绞尽脑汁写出一份完美报告。通过报告,他们得以窥见你是如何写作、如何思考以及如何评估项目的——而且你可以趁此机会展示你的能耐。

曾经我是一家创新实验室高级主管职位的最终候选人。也许你认为，到了这个地步，我应该已经证明自己的能力了吧。唉，可惜还没有。我接到了一个比稿任务，要求概述工作头六个月的行动计划，下周交。所以除了完成当前岗位的工作，我还要在午餐休息时间、早上甚至飞机上挤出时间，费尽心思地想担任高级主管的前六个月要采取什么措施和行动或者有没有新想法。在我上交任务之前，我看着这份计划心想："太棒了！他们能找到我可真幸运！"最后，他们没有同意。虽然我没有得到这份工作，但是我确实执行了这份行动计划，让它指引着我走向下一个高级职位。

不必等到你能胜任新工作或更高职位时才发挥创造力。记住，要积极主动。即使你不向别人推介你的剧本、提案、商业计划、文章，（或其他作品），也没有人阻止你去创作、设计或开发完善。无论结果如何，比稿创作都是一种让你的创意魔力涌流的好办法。

在旅途中找到快乐

在主持某个活动期间，我有幸见到了——并向观众介绍了——火箭科学家安布尔·盖尔（Amber Gell）。当时，安布尔正在与美国航空航天局（NASA）合作——没开玩笑——设计和建造猎户座（Orion）宇宙飞船。当我们在后台相遇、开始谈天说地时，她告诉我她从小就梦想着去太空，还跟我分享了她每天要做的太空旅行训练。所以我说："很酷！你什么时候去太空旅行？"而她回答："噢，我可能永远不会去。"这时，我仿佛听到了一声尖叫而且我很肯定，自己也尖叫了一声："什么？！"

安布尔微笑着，好像她之前看到过我这样的反应，并解释了有诸多因素会影响太空任务，所以无论她如何训练准备，很可能永远去不了太空。当我正在想，为一件可能永远不会去做的事情付出一生是什么感受时，她像具有读心术一样："我每天都会做我喜欢的事情。如果我能去，那就再好不过；如果没有，我也在我热爱的领域日益精进。"

就在那时，我恍然大悟。太空训练就像画画、写作和唱歌；我们可能永远不会接到来自画廊、出版社或唱片制作人的电话，但我们仍可以继续创作并且把我们喜欢的事情做得更好。

在如今过度看重结果的文化里，在充斥着记事清单、生活窍门以及无休止"收件箱归零"（inbox zero）的生活里，每一天没有目的性地做你喜欢的事情并单纯地享受它带来的快乐是一件多么神奇的事情。

成为大师的学徒

那时，确切地说，15世纪中期，绘画大师多梅尼哥·基尔兰达约（Domenico Ghirlandaio）因在意大利各地的教堂绘制精致的壁画而闻名。和当时很多艺术大师、手工艺人一样，多梅尼哥会有学徒帮忙打下手，年轻的学徒们渴望有朝一日也能在教堂里绘画。

当然，他会让学徒做些普通工作，比如说调和作蛋彩画的蛋黄和颜料，或者找头猪，从猪身上拉下一大块毛发，做成画笔。但同时，他们也会学习绘制杰作所需的重要技能，并积累必要经验——也许有一天他们也会成为大师。

想想，大多数入门级的工作或实习（甚至更高级别的工作）都可以视为学徒性工作。下次当你因不得不做的乏味工作而感到懊恼时，请你努力密切关注你周围的"大师级人物"，并专心学习所在领域的所有知识技能以便提高你的专业能力。这也是基尔兰达约的学徒们使用的一种策略，例如基尔兰达约的学生米开朗基罗（Michelangelo）就深谙此道，最终成就非凡。

把乏味转化为灵感

年轻时，我好几年都在做卖旧货、卖打包产品、卖垃圾食品、兜售东西这些工作，还有给文件归档——赚的钱全部用来维持基本生活，同时也有足够的空余时间可以用来写作、创作。我每天早上5点钟醒来创作戏剧，写故事还有练习表演，直到不得不出门工作。这样的生活真的太累了。所以我边工作边存钱，存够了4个月的生活费之后我就辞了工作（不止一份）。啊，自由，没有约束，没有紧张和冲突。但这是最糟糕的！我之前总抱怨我的工作没有吸引力，但现在辞职后我比以前更没有灵感了。

在那些年里，我一直以为我的日常工作与我"真正的"创造性工作没有关联，但事实证明我大错特错。所有我在无趣的工作中经历的紧张，遇到的不寻常人物，艰难或尴尬的对话，顿悟，情感成长，庆祝活动以及意外阻碍都为我的戏剧、故事和表演增添了颜色和纹理，使它们变得更加生动、贴近现实！甚至我都没有意识到，我一直把日常工作当作整个创意生活的素材。

艺术家们——从脱口秀喜剧演员到作曲家、诗人、画家——不断在日常生活中寻找有可能成就他们下一个伟大作品的素材：发生的事情、展开的对话和一个个生活的瞬间。例如，演奏家、电子高手、表演艺术家劳丽·安德森决定在她职业生涯的高峰期去麦当劳工作。如果你曾经见过或听过劳丽的表演，那么你就能明白正是她观察和解读人类生活处境的高超能力才使她的表演和作品如此亲近、令人不安、有趣、充满人性。而做一名穿着制服、躲在柜台后面的麦当劳员工无疑给了她自由观察的最大优势。

重点在于，我们都可以把在工作中遇到的日常人物、冲突、对话和观察转变为工作之外的创造性素材。所以，当你的日常乏味工作开始破坏你的想象力时，不要只是咬紧牙关，一忍再忍。换个角度，把它转化为灵感。

CREATIVE TRESPASSING

第二十一章 彰显自己

如果你想飞，你就要放弃那些会拖累你的东西。

——美国普利策文学奖获得者，托妮·莫里森（Toni Morrison）

我的父亲曾经不断从一个工作换到另一个工作，后来失业，沉迷于赌马，经过多年挣扎，终于找到了稳定的工作，在长滩①飞机场（Long Beach Airport）担任运输业务总监。这意味着，当你下了飞机，需要一辆出租车时，穿着皮衣、带着笑容的父亲会一把接过你的包，让你跟着他走，尽快让你坐上车队里的空车。

多年来，我一直为父亲的职业感到尴尬。当朋友们问起我父亲的工作，我会随意地说："他在机场工作。"我真希望他们放弃这个话题，但果然不出所料，他们的眼睛亮了起来，问道："噢，他是飞行员吗？"我会回答："不是。"我的语气听起来并不想谈论父亲的职业生

① 长滩市是一座位于美国西岸加州南部的城市。按照人口排名，长滩是洛杉矶地区的第二大城。

活，而且我并不把他的工作看成是一种职业或者生活。

直到那次我飞到长滩市看望他，我才改变了我的想法。我下飞机后，就发现我的父亲一直在那个小机场周围走动，好像这个机场属于他似的。他带我去见他的同事，自豪地把我介绍给所有出租车司机，司机们在我们走过去时都高兴地在父亲的背上轻拍了几下。接着去见了在信息亭做志愿者的老太太，当我父亲说"嘿，这是我女儿"时，她们朝他咯咯地笑着，脸都笑得红扑扑的。然后又去见了汽车租赁代表，他们给了父亲一些小吃并向他展示了新孙子的照片。当我在一边等待父亲下班时，我看着他与机场的每一个人开玩笑，把他们都逗乐了，或者愉快地把疲惫的旅客引导到黄色出租车里。而且每一次关闭驾驶室门，我父亲都会示意性地拍几下引擎盖，充满仪式感地送车上路，仿佛在对着驾驶室里的人说"祝您旅途愉快"。

就在那时，我才意识到父亲有他的职业生涯。他的职业是把疲惫的乘客从机场安全送到出租车里。他的服务让乘客们在经历了漫长旅途之后露出了微笑。他帮助初来乍到的乘客们顺利到达某个目的地，帮助返乡乘客顺利回家。换句话说，他就像飞行员一样，只是在地面上工作。

我的父亲从来不试图掩饰他的谋生方式，从来不会因此而感到羞愧、尴尬或者假装他的工作并非机场的专职导乘。他可能没有穿过袖上有肩章、翻领上别着徽章的酷炫飞行员服，但他就像飞行员一样为他的工作自豪。他教导我，只要你每天全身心地投入工作，你就会拥有值得自己引以为傲的职业和生活。

随身携带你的魔力

长大后，我以为我最终会在综艺节目《周六夜现场》工作。从16岁开始，我就会捏造年龄潜入喜剧俱乐部并在开麦之夜演出。对我来说，喜剧是一项严肃的事业。所以我通过观看大量《周六夜现场》、《超现实大学生活》(*The Young Ones*)、《巨蟒剧团之飞翔的马戏团》(*Monty Python's Flying Circus*)、《礼堂里的孩子》(*The Kids in the Hall*)、《生动的颜色》(*In Living Color*)、《特蕾西·厄尔曼秀》(*The Tracey Ullman Show*)等优秀作品来学习创作和表演喜剧。除了观看经典作品之外——观看时还洋洋洒洒地记了很多笔记——其余时间我都会用来创作短篇喜剧和单口喜剧。对我来说，幽默成了一种强大的工具，让我能够面对和重塑部分糟糕的童年。

当我沉浸在对未来职业的幻想之中时，我总会想象自己在创作并表演短篇喜剧。但这样的幻想是有迹可循的，因为它完全符合我正在发展变化的身份：作家、表演者、局外人、梦想家。这些人都会利用创造力和幽默将观众推出舒适区，谈论具有挑战性的问题并会在寻常之处发现荒谬可笑的一面。

最终我意识到，对我这样的人来说，成为一名喜剧演员并不是唯一可行的职业选择。**那种幽默感就是魔力，我能随身带着它。**幽默感常常促使公司聘用我，因为他们看到了幽默感如何给人创造机会，拓展人的思维，帮助人们找到新意义并使每一个人获得鼓励。

一旦我不再先入为主地思考我的职业"应该"如何如何，那么我就能发现自己从事的工作正是我想象的职业：写作、表演、梦想、使用幽默感和创造力把人们赶出他们的舒适区，并且在寻常之处发现荒谬可笑以及美丽动人的一面。这就是我现在正在做的事情。

所以我的舞台不在洛克菲勒30号大楼^①（30 Rockefeller），而在科技公司、企业、艺术和文化中心以及各种大会中。我的观众也不是坐在家中看电视的人，而是渴望成为未来技术领导者的12岁女孩们，是今天想要反叛未来的技术领导者，是努力寻找更多创意表达、传递理念的营销人士，是想给客户带来更真实故事的品牌，是选择将创意火花和欢乐带回朝九晚五生活中去的全球创造性入侵者们。幽默感、写作、表演和梦想是我所有工作的核心，其重要性、紧迫性或者启发性不亚于在《周六夜现场》工作。

当你不再固执地认为，你只可以做一件事，只能成为那种人，你的创造力也只有一种表达形式，你的技能只有一条最完美的应用之道时，你将看到周围有广阔的发展机会。虽然情况总在变化，但是只要你敢于跨越并相信自己，你就能逢凶化吉。**每天都会有跨越未知的新机会。**

每当你选择跨越时，我希望你知道你并不孤单。成为创造性入侵者最酷的一件事就是你允许人们窥视你内心的反叛，或者说，当你泄露想象力的那一刻，你就发现自己被创造性入侵者包围着，他们一直隐藏在你眼皮子底下。

你的使命（要是你接受）就是让每天都成为"全身心投入的工作日"。我的意思是整个自我，毫无保留。如果你还没准备好彰显自己，那也请考虑为我们挺身而出，即为你的同事、你的家人、同个社区的人士。因为我们需要你用勇气、创造力和无穷的好奇心向我们展示如

---

① 洛克菲勒30号大楼位于美国纽约曼哈顿的洛克菲勒中心建筑群，是19幢商业大楼之一。《周六夜现场》演播室即位于此。

何变得更加勇敢，更有创造力和好奇心。我们需要你彰显自己所有的缺点、恐惧、梦想、怀疑和想法。我们需要你的已有本领以及待开发的技能。我们需要你找到自己独一无二的表达方式并以此进行创新、提问并激励你的同胞。我们需要你大胆地去冒险并且明白**成功的对立面不是失败而是无动于衷**。失败是成长的必要条件。如果你正在努力尝试，那么你永远不会真正失败，因为你处于不断学习、成长和排练的状态。我们需要你不仅仅在工作中随身携带你的魔力和幽默感，在工作之外也要如此。在你的工作中、生活中以及所有空间里，你都被需要。

我父母的奇怪逻辑帮助我逐渐接受了内心那个格格不入的自己，并为我打造了一条通往成功生活的独特道路。所以事实证明，他们的奇怪逻辑——运用你的创造力，重视想象力，质疑权威，学会赌一把，最重要的是，不要甘于平凡——的确蕴含着智慧。把这条逻辑当成我父母赠送给你的礼物。你可以拿走它，可以运用它，跟别人分享它。总之，把它变成你自己的逻辑。

高效反叛法

1. 放下书本。

2. 相信未知。

3. 每天渐进式增强信心。

点燃你的创意火花

《教学大纲：一位意外教授的笔记》
Syllabus: Notes from an Accidental Professor
作者：琳达·巴里（Lynda Barry）

反流派的非传统漫画家琳达·巴里意外得到了一份常规性工作，做大学教授。校方要求她设立自己的课程并撰写教学大纲，但是她完全不知道怎么做。她也不懂学术界的规则和传统。所以她决定以生动的连环画形式画一份教学大纲。这本书中囊括了她最富创意的问题、练习、绘画、实验以及小技巧，以帮助唤醒我们的无意识并重启我们的创造力。它就像一张引导我们走向想象力核心的地图。这本书超棒。

《实践》（白教堂美术馆：当代艺术档案）
Practice (Whittechapel: Documents of Contemporary Art)
作者：马库斯·布恩（Marcus Boon）
　　　加布里埃尔·莱文（Gabriel Levine）

我发誓我没有伦敦白教堂美术馆（Whitechapel Gallery）和麻省理工学院出版社（MIT Press）的股票，但是它们的确出版了一些有关当代艺术家和艺术运动的好书。此合辑中收录了一些最具入侵精神的艺术家的作品。他们把自己的存在转化为创造性实践，让每个日常空间都能得到彻底改变的机会。在书中，你将会看到谢德庆（Tehching Hsieh）、琳达·玛丽·蒙塔诺（Linda Mary Montano）、鲍林·奥立佛洛斯（Pauline Oliveros）以及安德里安·派普（Adrian Piper）等艺术家，并由此了解最强大的艺术作品是如何以社区交流为创作基础。一旦打开这本书，迎接你的将是极其密集的知识轰炸……这里有震撼灵魂的作品！如果你在现实生活中有机会参观这些艺术家的作品，抓住机会去吧！

《当生命陷落时：与逆境共处的智慧》

When Things Fall Apart: Heart Advice for Difficult Times

作者：佩玛·丘卓（Pema Chödrön）

当工作、生活甚至世界分崩离析时，丘卓就像你的酷阿姨，不仅直率地告诉你不要逃避焦虑、恐惧和不适，还向你展示了处境艰难时的转变能力。如果你正处于逆境之中并且想要感知无条件地活着……不妨读读这本书。

《思维模式：全新的成功心理学》

Mindset: The New Psychology of Success

作者：卡罗尔·德韦克（Carol Dweck）

正如我之前所说，如果你想参与创造性入侵，你必须相信任何事情都有创造力。为了拥有这种思维模式，你必须扩展思想，扩大知识面并且采取更多行动。而这正是德韦克所说的"成长型思维"。德韦克对我们如何将"失败"视为学习和成长机会这个问题进行了研究，而她的见地和研究激励着我们带着更多同理心、创造力和爱去生活（去工作）。

《激浪派表演练习册》
Fluxus Performance Workbook

作者：肯·弗里德曼（Ken Friedman）
　　　欧文·史密斯（Owen Smith）
　　　劳伦·桑钦（Lauren Sawchyn）

这本书收录了大量激浪派艺术家的"乐谱"。下载这本书并准备好随时随地进行表演。书中甚至收录了我最喜欢的乐谱之一，肯·弗里德曼的《干杯》：

干杯
指挥一大群人去
陌生人的家门前，敲门。
当有人打开门时，
人群大力鼓掌和欢呼，
最后所有人默默离开。

《写出我心：普通人如何通过写作表达》
Writing Down the Bones: Freeing the Writer Within

作者：娜塔莉·戈德堡（Natalie Goldberg）

天呐，难怪这本宝书已经印刷销售了30多年……太了不起了！从我19岁起，它就一直指引着我的内心，告诉我如何挖掘日常生活中的丰富细节和故事。这本书帮助我克服了对作家身份和人类身份的疑虑，并向我展示如何严谨却不严肃地对待创作生活，并解释了其原因（比如带着幽默对待创作生活）。

《权力的艺术》
The Art of Power

作家：释一行（Thich Nhat Hanh）

我会向每位读者推荐这本书。事实上，我也已经给许多同事、老板、导师、实习生和朋友赠送过这本书。一行禅师告诉我们，"成功"和"权力"不是物品，买不到，也使用不了，这一事实虽然让人们失望，但实际上只要快乐平和地生活，带着目标和慈悲心去生活，我们就能获得成功。活在当下就像一份全职工作，需要我们为之付出努力，这本书是有史以来最好的同事！

《视觉智能：强化你的感知，改变你的生活》
Visual Intelligence: Sharpen Your Perception, Change Your Life

作者：艾米·赫尔曼（Amy Herman）

你能想象利用绘画、雕塑和美术摄影来教授警察、首席执行官和联邦调查局（FBI）特工如何解决悬案和难题吗？这正是赫尔曼的工作。她在书中解释了视觉艺术如何帮助我们注意到大多数人都会忽视的东西，以便寻找解决案件或问题的新发现，甚至拯救一个生命。当我快写完自己的书时，我打算看看赫尔曼这本书，看了之后发现我们的观点出奇一致，简直就是两个高智商蝙蝠侠！赫尔曼证实了我一直在思考并且实行的事情。谢谢你，艾米。

《艺术家的笑话》（白教堂美术馆：当代艺术档案）

The Artist's Joke(Whitechapel: Documents of Contemporary Art）

作者：詹妮弗·希吉（Jennifer Higgie）

既钟情于当代艺术又颇具幽默感的我一直在探寻当代艺术家如何利用幽默感巧妙地向观众呈现易引发争议的情感、政治和哲学问题。通过这本书，你将更了解意大利国宝级艺术家莫瑞吉奥·卡特兰（Maurizio Cattelan）以及珍妮·霍尔泽（Jenny Holzer）、汉纳·奥克（Hannah Höch）、保罗·麦卡锡（Paul McCarthy）等把幽默感和艺术作品完美结合的艺术家们。

《绕着大毛球飞行：寻找工作的从容轨道》

Orbiting the Giant Hairball:A Corporate Fool's Guide to Surviving with Grace

作者：戈登·麦肯齐（Gordon MacKenzie）

虽然从外表看，这本书就像一本普通的书，但从内容上说，它就像一个入口，带你通往充满着涂鸦、奇异绘画和真实故事的世界，让你了解戈登30多年来设计企业贺卡"标志"的工作经历以及他如何利用丰富的创造力生存发展。你的创造力是成功（以及你公司的成功）的关键，当你需要别人提醒你这句话时，就拿起这本书，翻到任意一页，开始阅读，被逗笑，继续看下去。

《葡萄柚》
Grapefruit
作者：小野洋子（Yoko Ono）

没错，我们中有许多人都知道小野洋子是与约翰·列侬（John Lennon）一起巡演过的前卫女性。在约翰出名之前，洋子就已经在艺术界崭露头角并展示了她作为激浪派艺术运动先驱的创造力。这本书收录了洋子幽默、颠覆、诗意的"乐谱"以及指示作品，引导我们在日常生活中寻找艺术。

《勇敢女孩：史诗般冒险生活的历险记》
The Gutsy Girl: Escapades for Your Life of Epic Adventure
作者：卡罗琳·保罗（Caroline Paul）

好吧，这是一本写给年轻人看的书，但我想说：为什么年轻人才可以享受所有快乐？！我非常喜欢这本书，因为无论是有趣小玩意（比如怎么把牛奶盒做成船）的制作教程图，还是保罗疯狂冒险的真实故事[半夜偷偷爬上金门大桥（Golden Gate Bridge）……现实生活里的真正入侵]，还是鲜为人知的女性冒险家的经验教训，这本书都在教我们把恐惧踢到一边，去体验肆无忌惮的快乐生活！晃荡的绳子，爬树，征服恐惧，这就是这本书的全部！无论送给自己还是送给生活中显露头角的创造性入侵者，它都是一份完美礼物。

《一个持续的错误：作家的四大真理》
One Continuous Mistake: Four Noble Truths for Writers
作者：盖尔·谢尔（Gail Sher）

美丽错误带来的力量，哪个创造性入侵者不喜欢听这样的故事？这本书已经陪伴我多年，陪着我走过了许多地方。这是一本教人把失败转化为成功的冥想手册，也是一本让人通过写作锻炼创造力的写作指南。

《创造力：如何将不可能变为可能》
The Creative Habit: Learn It And Use It for Life
作者：泰拉·萨普（Twyla Tharp）

我觉得可以肯定地说泰拉·萨普是一名全能者：出色的编舞家，屡获殊荣的舞蹈家，百老汇歌舞剧（Broadway show）的创始人，她获得了无数创造性成就。如果你想进一步了解她，那必须去她的网站（www.twylatharp.org）看看，绝对让你激动不已。哦，对了，这本充满各种创意练习的书是她在业余时间完成的，读者可以利用这本书学会重视创造力并养成创造的习惯。毕竟，如果不养成这些好习惯，你无法成为三面手（或者全能者）。

CREATIVE
TRESPASSIN
G
致 谢

　　谢谢你们。极其慷慨、创意不断、不守常规且令人愉快的你们一直都支持并且怂恿我发挥创造力，还鼓励我把自己的创意经历写成书。非常感谢你们：

　　感谢朱莉·格劳（Julie Grau）和亚当·斯特恩（Adam Stern），伊丽莎白·卡特勒（Elizabeth Cutler）和整个卡特勒家族，艾米·西尔弗曼（Amy Silverman）、斯泰西·布鲁内尔（Stacy Brunelle）、克里斯汀·韦伯（Kristen Weber）、黛博拉·韦尔（Deborah Weir）、艾莉森·韦德（Alison Wade）、朱莉·汉普顿（Julie Hampton）、安（Ann）和蒂姆·考斯伦（Tim Cothron）、克里斯·诺伍德（Chris Norwood）、罗伯·尼科莱蒂（Rob Nicoletti）、伊丽莎·沃罗森（Eliza Woloson）、史蒂文·J.泰珀（Steven J.Tepper）、雪莉·卡梅隆

（Sherry Cameron）、丹·泰尔（Dan Tyre）、艾夫·马尔霍兰（Aefa Mulholland）、E.J.伯纳基（E.J.Bernacki）、比尔·金（Bill King）和玛丽·勒金（Mary Lucking）等人士给我提供了宝贵的帮助。感谢志同道合的人为这本书提供了引言、故事、见解和恶作剧等素材。

我和编辑塔莉亚·克鲁恩（Talia Krohn）除了姓名首字母都相同之外，还都具有幽默感，都喜欢女子说唱组合Salt-N-Pepa，都想要让每处文字变得更鼓舞人心。塔莉亚成功地将原本很容易僵化并缺乏想象力的编辑工作转换成最具活力、最快乐的创造性入侵行为。

说到快乐……谁不想快乐地工作？更何况对于一个名叫乔伊（Joy，快乐）的人？！曾用中东食物追求我的代理人乔伊·图特拉（Joy Tutela）在整个出书过程中不仅与我敲定截止日期，还鼓励我并且把他的幽默特质发挥得淋漓尽致——总之，感谢你。

感谢整个Currency团队！感谢梅根·佩瑞特（Megan Perritt）让公众参与宣传活动并帮助策划适合他们、属于他们的活动。感谢阿耶莱特·格鲁恩斯佩科特（Ayelet Gruenspect）让我有机会在营销中展开对话交流。

感谢亲爱的朋友珍·新赛罗（Jen Sincero），谢谢你为我加油，帮我克服困难，而且总会回应我的打招呼，嗨！

感谢充满想象力、活力无限并且一直支持我的家人们，谢谢你们身体力行地告诉我如何支持社会中不那么被认可的人，坚持不那么被接受的地方和想法，所以我才有勇气选择那条更少人走的路。这对我来说意义重大！

我知道向公司致谢并不符合传统的致谢模式，但是以下这些公司已经在融入创造力方面取得了一定成就：Axosoft，SMoCA，Mod

PHX以及The Coronado。感谢它们！

感谢那位激励我寻找空间，鼓励我带着好奇心、欢声笑语，带着艺术去生活的女士：安吉拉·埃尔斯沃思（Angela Ellsworth）。感谢那位坚持鼓励我，让我脚踏实地的男士：菲利克斯（Felix）。

感谢你们，创造性入侵者们。感谢你们认真对待想象力，并将更多的创意偷偷带入不太明显的创意空间和创意情形中！我迫不及待地想看到你们的高效反叛行为！

图书在版编目（CIP）数据

创新者的困境 / （美）塔尼亚·卡坦著;邹丽君译. —杭州：浙江大学出版社，2020.7
书名原文：Creative Trespassing
ISBN 978-7-308-19405-1

Ⅰ.①创⋯ Ⅱ.①塔⋯ ②邹⋯ Ⅲ.①工作方法—通俗读物Ⅳ.①B026-49

中国版本图书馆CIP数据核字（2020）第059892号

This translation published by arrangement with Currency, an imprint of the Crown Publishing Group, a division of Penguin Random House LLC

浙江省版权局著作权合同登记图字：11-2019-163

创新者的困境

［美］塔尼亚·卡坦 著 邹丽君 译

策　　划	杭州蓝狮子文化创意股份有限公司	
责任编辑	黄兆宁	
责任校对	杨利军　程曼漫	
出版发行	浙江大学出版社	
	（杭州市天目山路148号　　邮政编码　310007）	
	（网址：http://www.zjupress.com）	
排　　版	杭州林智广告有限公司	
印　　刷	杭州钱江彩色印务有限公司	
开　　本	880mm×1230mm　1/32	
印　　张	8.375	
字　　数	193千	
版 印 次	2020年7月第1版　2020年7月第1次印刷	
书　　号	ISBN 978-7-308-19405-1	
定　　价	49.00元	